Theologische Impulse
Band 33

Christen zwischen Weltflucht und Weltverantwortung

Herausgegeben von:

Wilfrid Haubeck
Wolfgang Heinrichs

SCM
Bundes-Verlag

SCM

Stiftung Christliche Medien

SCM ist ein Imprint der SCM Verlagsgruppe, die zur
Stiftung Christliche Medien gehört, einer gemeinnützigen Stiftung, die sich
für die Förderung und Verbreitung christlicher Bücher, Zeitschriften, Filme
und Musik einsetzt.

Bodenborn 43 · 58452 Witten
Internet: www.bundes-verlag.de; E-Mail: info@bundes-verlag.de

Umschlaggestaltung: Grafik SCM Bundes-Verlag
Satz: Breklumer Print-Service, www.breklumer-print-service.com
Druck und Bindung: Print Group Sp. z o.o.
Gedruckt in Polen
ISBN 978-3-86258-103-0
Bestell-Nr. 209.103

Inhaltsverzeichnis

Vorwort

Im Laufe der Geschichte haben die Menschen immer wieder erfahren, wie ihre Existenz in dieser Welt bedroht wird, zum Beispiel durch Naturkatastrophen oder große und lange Kriege. Christen haben darauf in der Vergangenheit teilweise mit Weltflucht reagiert, weil diese Welt böse ist und vergehen wird. Andere haben dagegen die Welt als Gottes Schöpfung verstanden, für die wir – gerade auch als Christen – Verantwortung tragen. Beide Haltungen gibt es auch heute.

In der Gegenwart bedroht die Klimakatastrophe unsere Welt. Auch die Erschöpfung der begrenzten Ressourcen unserer Erde – wie Nahrung und Trinkwasser – kann dazu führen, dass nicht mehr alle Menschen davon leben können. Dann drohen kriegerische Auseinandersetzungen um die Verteilung der knappen Ressourcen. Zurzeit erleben wir zudem gerade schmerzhaft, wie eine Pandemie unser Leben bedroht, und zwar weltweit.

Diese und andere Fragen beschäftigen die Gesellschaft und die Menschen. Die Verantwortung für unseren Planeten und die Schöpfung ist so neu in den Fokus gerückt. Welche Verantwortung haben wir als Christen für die Welt, in der wir leben? Vor dieser Verantwortung können wir nicht einfach fliehen, weil Gott, der die Welt geschaffen hat, uns diese anvertraut hat, damit wir sie bewahren und erhalten, solange Gott sie erhält.

Wie also nehmen wir als Christen den Auftrag wahr, die Schöpfung zu bewahren? Wo liegt unsere Verantwortung in diesen Krisenzeiten? Halten wir uns aus den umweltpolitischen Debatten heraus, oder übernehmen wir Verantwortung? Was sagt die Bibel zur Frage der Bewahrung der Schöpfung? Welche Rolle spielt dabei die christliche Hoffnung auf eine neue Welt? Weil Jesus Christus Ursprung und Ziel der Schöpfung ist, sind wir herausgefordert, uns für die Schöpfung einzusetzen und selbst verantwortlich mit ihr umzugehen.

Die einzelnen Aufsätze dieses Bandes gehen unterschiedlichen Aspekten der Frage nach, wie wir Jesus Christus durch einen verantwortlichen Umgang mit der Schöpfung ehren. Julius Steinberg beschreibt christliche Weltverantwortung vom Alten Testament her. Ralf Dziewas spricht von der Hoffnung zwischen himmlischer Herrlichkeit und Reich Gottes auf Erden. Was bedeutet sie für unser Leben und Handeln heute? In persönlicher Form erzählt Thomas Weißenborn, wie er sein Leben in den vergangenen Jahren zu mehr Nachhaltigkeit verändert hat. Und er ruft dazu auf, anders zu leben, als wir es gewohnt sind. Dieses Thema greift Heinrich Christian Rust aus einer anderen Perspektive auf und stellt Aspekte einer ökologischen Theologie und einer ökologischen Spiritualität vor. Schließlich lenkt Ansgar Wucherpfennig den Blick auf die Offenbarung und wie in ihr von Schöpfungsverantwortung die Rede ist.

So bietet der Band eine Fülle von Anregungen, die uns helfen können, unsere Verantwortung für unsere Welt, die Schöpfung Gottes, wahrzunehmen.

Wilfrid Haubeck

Christliche Weltverantwortung und das Alte Testament

Julius Steinberg

Hinführung

Abschätzungen über die Biomasse aller Wirbeltiere auf der Erde einschließlich des Menschen kommen zu dem Ergebnis, dass die Menschheit etwa 32 % der Biomasse ausmacht. Die Nutztiere des Menschen sind mit rund 65 % zu veranschlagen. Auf alle wild lebenden Wirbeltiere entfallen lediglich 3%.[1] Die Abschätzung zeigt, wie massiv die Präsenz des Menschen und der Einfluss der Nutztierhaltung in Bezug auf die ökologischen Systeme der Erde ist. Dies ist Grund genug, die Entwicklungen sorgfältig zu beobachten und verantwortlich zu steuern.

In der Zeit des Alten Testament dürfte die Präsenz des Menschen auf der Erde um den Faktor 100 geringer gewesen sein.[2] Analog ist dies für die Nutztiere anzunehmen. In einer solchen menschenarmen Welt ist die von Menschen mitverursachte globale ökologische Herausforderung natürlich noch kein Thema gewesen.[3] Gleichwohl finden wir im Alten Testament Aussagen zum Tierschutz und darüber hinaus insgesamt eine Haltung der Wertschätzung der Schöpfung und des Respekts vor dem tierischen Leben.

Eine Betrachtung des Alten Testaments im Blick auf „christliche" Weltverantwortung kann sich allerdings nicht damit begnügen, die alttestamentlichen Stellen zum Tierschutz zusammenzustellen. Es gilt auch, einige bibelhermeneutische Fragen zu bedenken. Entscheidende

1 Eating our Future: The environmental impact of industrial animal agriculture, World Society for the Protection of Animals, 2008, S. 7, abgerufen Mai 2021: https://wildbeimwild.com/wp-content/uploads/2015/08/eating-our-future_english_tcm46-28198.pdf.

2 Siehe „Weltbevölkerung" (Wikipedia), abgerufen Mai 2021.

3 Weippert, Manfred, „Tier und Mensch in einer menschenarmen Welt. Zum sogenannten dominium terrae in Genesis 1", in: Hans-Peter Mathys, Hrsg.: Ebenbild Gottes – Herrscher über die Welt: Studien zu Würde und Auftrag des Menschen, Neukirchener Verlag, 1998, S. 35–55.

Weichenstellungen liegen bei diesem Thema im christlichen Umgang mit dem Alten Testament, und zwar im Blick auf zwei Fragenkreise:

Der erste betrifft die Rezeption der alttestamentlichen Schöpfungstheologie im Neuen Testament. Tatsächlich wird die Schöpfungstheologie als Thema im Neuen Testament nur wenig behandelt. Zudem machen neutestamentliche Texte Aussagen zur Gefallenheit der Welt, die so weit gehen, den Satan als „Fürsten dieser Welt“ zu bezeichnen. Die Abwendung von der „Welt“, die Abkehr vom Irdischen zugunsten höherer Ziele scheint damit eher geboten als das Engagement für die Schöpfung.

Der zweite Fragenbereich betrifft die Eschatologie, die im Neuen Testament an nicht wenigen Stellen eine apokalyptisch-dualistische Prägung hat. Zugespitzt: Lohnt sich die Mühe, in eine Welt zu investieren, die sowieso untergehen wird? Handelt das Alte Testament nur von einer vorläufigen „irdischen“ Hoffnung, das Neue Testament dagegen von der ewigen „himmlischen“ Hoffnung? Wenn das Alte Testament von Christen so gelesen wird, verpuffen natürlich die alttestamentlichen Appelle zu Frieden, Gerechtigkeit und Bewahrung der Schöpfung.

Im Folgenden sollen diese Fragen nacheinander behandelt werden. Im Anschluss werden die alttestamentlichen Konkretionen zum Thema Weltverantwortung vorgestellt. Diese beziehen sich in erster Linie auf den Tierschutz.

Eine Orientierung zur Methode: Bei der christlichen Betrachtung des Alten Testaments werden oft Denkstrukturen aus dem Neuen Testament herangezogen und an das Alte Testament angelegt, um alttestamentliche Aussagen aus der Sicht des Neuen einzuordnen. In diesem Beitrag soll es dagegen um Denkstrukturen gehen, die im Alten Testament selbst zu den Themenkomplexen angelegt sind. Dafür genügt die „Belegstellenmethode“ (das Zitieren von Einzelversen, um an ihnen einen Gedankengang abzustützen) nicht. Um die alttestamentlichen Aussagen in ihren Relationen zueinander zu untersuchen, sind Strukturanalysen durchzuführen.

Gemeint sind zum einen literarische Strukturanalysen, darüber hinaus aber auch Untersuchungen im Sinne des Strukturalismus. Der Strukturalismus ist, kurz gesagt, eine Philosophie, die davon ausgeht, dass Phänomene erst dann richtig verstanden werden, wenn die darunterliegenden Strukturen sichtbar gemacht werden. Um dies mit einem einfachen Beispiel anschaulich zu machen: Das rote Licht einer Verkehrsampel trägt seine Bedeutung nicht in sich selbst, etwa darin, dass ein bestimmter Rotton verwendet wird. Seine Bedeutung liegt in der Unterscheidung zwischen rot, gelb und grün sowie in der Art und Weise, in der Ampeln auf einer Straßenkreuzung miteinander verschaltet sind. Der Strukturalismus ist besonders im Blick auf sprachliche und auf literarische Kommunikation von Bedeutung.[4] Insbesondere der Genesis-Text transportiert theologische Strukturen unter Erzählungen. Dem soll nachgegangen werden, im Dienst der Themenstellung des vorliegenden Beitrags.

1. Christliche „Weltflucht“? Neutestamentliche Skizzen

Zur Schärfung der Fragestellung sollen der Untersuchung einige skizzenhafte Beobachtungen zu Schöpfung und „Welt“ im Neuen Testament vorangestellt werden. Zunächst ist, wie schon gesagt, festzuhalten, dass die Schöpfungstheologie im Neuen Testament als Topos keinen großen Raum einnimmt. Wir dürfen allerdings davon ausgehen (und sollten uns bewusst machen), dass die neutestamentlichen Autoren den im Alten Testament gesteckten Denkrahmen voraussetzen. Es sind jedoch auch Verschiebungen zu beobachten: So wird an mehreren Stellen die Schöpfungsmittlerschaft von Jesus Christus ausgesagt – ein neuer Aspekt, der die Schöpfung würdigt. Doch wird auch eine zwiespältige Haltung der neutestamentlichen Autoren zur „Welt“ sichtbar. Bei der These, das Neue Testament werte die Schöpfung ab, handelt es sich jedoch um ein gnostisches oder mystisches Missverständnis der entsprechenden Stellen.

Der Begriff „Welt“ (κόσμος – kosmos), siehe daneben αἰών (aion Äon, Weltzeit), γῆ (gä Land, Erde, Erdboden) kommt im Neuen

4 Zum Struktualismus als bibelwissenschaftlicher Methode siehe John Barton, *Reading the Old Testament: Method in Biblical Study*, 2. Aufl., London: Darton, Longman and Todd, 1996, S. 104–198.

Testament ca. 180-mal vor, mit deutlichen Schwerpunkten im Johannesevangelium und im ersten Johannesbrief. Eine Durchsicht der Belege zeigt eine Bandbreite von Schattierungen von offen positiv bis hin zu Stellen, an denen die Konnotation der Gefallenheit im Vordergrund steht.

Ein Aufruf zu christlicher „Weltflucht" findet sich in Kol 3,2: „Sinnt auf das, was droben ist, nicht auf das, was auf der Erde ist!"[5] Der Aufruf wird in den nachfolgenden Versen entfaltet: Auf der „Erde" (γῆ gä) sind „Unzucht, Unreinheit, Leidenschaft, böse Begierde und Habsucht, die Götzendienst ist!" (V. 5), „droben" sind demgegenüber „herzliches Erbarmen, Güte, Demut, Milde, Langmut!" (V. 12). Es geht also tatsächlich nicht um eine Abwendung von der Schöpfung, sondern, ethisch verstanden, um die Abwendung von Sünde und um die freundliche Hinwendung zu den Mitmenschen. Dasselbe gilt, wenn Paulus den Kontrast zwischen einer „fleischlichen" und „geistlichen" Lebenshaltung darstellt.[6] Weltverantwortung ist also durchaus ein Aspekt christlichen Lebens – wenn diese im Neuen Testament auch meist auf das gemeindliche und persönliche Umfeld und den zwischenmenschlichen Bereich fokussiert ist.

Die Rede von Satan als „Fürst dieser Welt" findet sich dreimal im Johannesevangelium (Joh 12,31; 14,30; 16,11) und ansonsten als Selbstaussage des Satans bei der Versuchung Jesu. Die hauptsächliche Aktivität, die im Kontext der neutestamentlichen Stellen zum Teufel/Satan erscheint, ist allerdings nicht das Regieren, sondern das Verführen. Satan wird insgesamt nicht als ein Gegenkönig beschrieben. Vielmehr gilt: Da, wo die Abgefallenheit von Gott groß ist, ist „Reich des Satans". Die Schöpfung bleibt an sich Gottes Schöpfung. Dies ist gegenüber gnostischen und mystischen Lehren aus dem Umfeld des christlichen Glaubens festzuhalten.

Kritik an der Askese als falscher Abwendung von Gottes guten Gaben übt 1.Tim 4,3-5, Kritik an der Verächtlichmachung von Menschen, die doch nach dem Bild Gottes geschaffen sind, Jak 3,9.

5 Bibelstellen werden, sofern nicht anders angegeben, nach der revidierten Elberfelder Bibelübersetzung zitiert.

6 Siehe zur Stelle auch Peter T. O'Brien, *Colossians, Philemon*, Word Biblical Commentary 44, Waco, Texas: Word, 1982, S. 164f.

Freilich bleiben die Stellen in der Überzahl, die die Belange des täglichen Lebens in ihrer Bedeutung zurückstufen zugunsten des Strebens nach dem Reich Gottes. Es ist aber die Frage zu stellen, ob beispielsweise Jesus mit seiner Aussage: „Wer den Willen meines Vaters tut … der ist mein Bruder und meine Schwester“ (Mt 12,46–50 par) im Sinn hat, Familie – als Aspekt des Lebens in der Schöpfung – abzuwerten, oder ob er nicht vielmehr seine Hörerinnen und Hörer, für die Familie sehr viel bedeutete, darauf stößt, ihr Leben in einer noch größeren Perspektive wahrzunehmen, nämlich der des Reiches Gottes.[7]

2. Die Welt als „gefallene“ Schöpfung: Perspektiven aus dem Buch Genesis

Wie stufen alttestamentliche Texte den Status der Schöpfung als „gefallener Welt“ ein? Dazu sollen im Folgenden literarisch-strukturelle sowie strukturalistische Beobachtungen aus der Genesis vorgestellt werden.

In der Schöpfungsgeschichte Gen 1,1-2,3 finden sich drei Segenssprüche (Wurzel ברך barach „segnen“): je ein Segen über die Tiere, über die Menschen und über den Sabbat. Im weiteren Verlauf der Urgeschichte werden dem drei Fluchsprüche (Wurzel אָרַר arar „fluchen“) gegenübergestellt: je ein Fluch über die Schlange, den Acker und über Kain. Die Segens- und Fluchsprüche lassen sich paarweise aufeinander beziehen: Alle Tiere werden gesegnet, ein Tier wird verflucht; alle Menschen werden gesegnet, ein Mensch wird verflucht; der Sabbat (Ruhe) wird gesegnet, der Ackerboden (Arbeit) wird verflucht.[8]

7 So z.B. Donald A. Hagner, *Matthew 1–13*, Word Biblical Commentary 33A, Waco, Texas: Word, 1993, S. 360.

8 Einige der folgenden Analysen wurden zuerst veröffentlicht in Julius Steinberg, „Architektonische Bauformen als Mittel der literarischen Kommunikation am Beispiel von Gen 1-4“, in: Walter Hilbrands, Hrsg., *Sprache lieben – Gottes Wort verstehen: Beiträge zur biblischen Exegese, FS Heinrich von Siebenthal, Gießen: Brunnen, 2011, S. 51–73.*

Gen 1,1-2,3 – Segenssprüche	**Gen 2,4-4,26 – Fluchsprüche**
1,22 Segen über die Tiere	3,14 Fluch über die Schlange
1,28 Segen über die Menschen	4,11 Fluch über Kain
2,3 Segen über den Sabbat (Ruhetag)	3,17 Fluch über den Ackerboden (Mühsal der Arbeit)

Die Flüche sind also nicht willkürlich als Strafen verhängt. Vielmehr wird der ursprüngliche Segen um einen bestimmten Teil reduziert (so bei den ersten beiden Paaren). Analoges lässt sich auch auf die mit dem Sündenfall verhängten „Mühen" aussagen. Diese korrespondieren jeweils mit einer schöpfungsbezogenen Aufgabe. So wird die Aufgabe des Ackerbaus mit der Mühe der Dornen und Disteln belegt, die Aufgabe, Beziehung zu gestalten, mit dem Dominanzstreben des Mannes und die Aufgabe, Leben weiterzugeben, mit den Mühen der Geburt. An diesen Stellen wird – concretum pro abstracto – deutlich gemacht, dass unter der Gefallenheit der Welt eine Art von gebrochenem Ideal zu verstehen ist, wobei der uranfängliche Segen immer noch erkennbar bleibt. Die Vorstellung des Sündenfalls als einer grundsätzlichen Wende von einer guten Schöpfung hin zu einer bösen Welt lässt sich demgegenüber an den Texten nicht festmachen.

Eine zweite Beobachtung betrifft den Aufbau der Urgeschichte als Ganzes. Es gibt verschiedene Themen, die in der Urgeschichte doppelt behandelt werden. Bekanntlich wird die Erschaffung des Menschen zweimal erzählt. Aber auch die Entstehung der Völkerwelt kommt doppelt vor: einmal in Kap. 10 in der Völkertafel und noch einmal mit einem zeitlichen Rücksprung in Kap. 11, im Turmbau zu Babel, von wo aus erneut eine Verbreitung der Völker über die ganze Erde stattfindet.

Auch die Vermehrung der Menschen im Zeitraum von Adam bis Noah wird zweimal behandelt. Zunächst verfolgt das Geschlechtsregister in Gen 5, die Linie des Segens in der Zeitspanne von Adam bis Noah. Anschließend handelt Kap. 6,1-8 von den Engelehen, einer von Gott nicht gewollten Form von Vermehrung, die ebenfalls in den Zeitraum von Adam bis Noah gestellt ist. Die dreifache Doppelung von Inhalten wird dann sichtbar, wenn die Genealogien als literarisch vollgültig in die Analyse einbezogen werden.

Die Doppelung von Inhalten ist sicher kein Nebeneffekt von redaktionellen Prozessen in der Urgeschichte, sondern Aspekt ihrer kommunikativen Strategie. In drei Durchgängen werden jeweils Phänomene aspektivisch nebeneinander gestellt: Auf der einen Seite steht das segensreiche Wirken Gottes und die Entfaltung der Segenszusagen in ruhigen, repetitiven, beinahe hymnischen Textabschnitten. Auf der anderen Seite stehen dramatische Erzählungen um Beziehung und Beziehungsbruch. Dreimal wird die Grenze zwischen Schöpfer und Geschöpf bedroht: im Garten beim Griff nach der verbotenen Frucht, bei den Ehen zwischen Göttersöhnen und Menschentöchtern sowie beim Bau des Turms, der bis in den Himmel, die Sphäre Gottes, reichen soll.

Das Gegenüber von Segen und Fluch mündet jeweils in ein drittes, nämlich einen Ansatz neuer Hoffnung. Nach der Verstoßung aus dem Paradies und dem Brudermord wird Set zum Träger der Hoffnung. Nach der Sintflut kommt der Neuanfang mit Noahs Söhnen. Nach dem Turmbau zu Babel wird die Linie der Geschlechter weitergezogen von Sem bis zu Abraham.[9]

9 Auch in Steinberg, „Architektonische Bauformen", 71. Dass in der Urgeschichte zyklische Abläufe vorliegen, wurde schon verschiedentlich gesehen und unterschiedlich beschrieben, ohne dass aber eine Verknüpfung zu den literarischen Strukturen hergestellt wurde. Inhaltlich am nächsten kommt dem hier vorgestellten Schema das von David Clines mit der Abfolge creation – uncreation – recreation, wobei Clines sich allerdings vor allem auf das Gegenüber von Schöpfung und Sintflut bezieht. Siehe die Darstellung verschiedener Konzeptionen bei David J. A. Clines, The Theme of the Pentateuch, JSOT Supp 10, Nachdr. d. 1. Aufl. v. 1978, Sheffield: JSOT Press, 1994, S. 61-77, und bei Siegbert Riecker, *Ein Priestervolk für alle Völker: Der Segensauftrag Israels für alle Nationen in der Tora und den Vorderen Propheten,* SBB 59, Stuttgart: Katholisches Bibelwerk, 2007, S. 36-38.

Segen, Fluch und neue Hoffnung in der Urgeschichte

I	1,1 – 2,3	Von der Schöpfung bis Adam (1)	Segen
II	2,4 – 4,24	Von der Schöpfung bis Lamech (2)	Segen und Fluch
	4,25-26	Beginn der Gottesverehrung mit Set und Enosch	neue Hoff-nung
III	5,1-32	Vermehrung der Menschen von Adam bis Noah (1)	Segen
	6,1-8	Vermehrung und Bosheit der Menschen; Noah (2)	Fluch
IV	6,9 – 8,14	Die Sintflut	Fluch
	8,15 – 9,29	Nachsintflutliche Neuordnung, Noahbund	neue Hoff-nung
V	10,1-32	Die Ausbreitung der Völker (1)	Segen
	11,1-9	Die Zerstreuung der Völker (2)	Fluch
VI	11,10-26	Von Sem bis zu Terach und seinen Söhnen	neue Hoff-nung

Am Ende von jedem der drei Durchgänge aus Segen – Fluch – Neuanfang stehen drei Söhne, deren Bedeutung sich am besten wieder strukturalistisch erfassen lässt. Die Bedeutung der ersten beiden Brüdertrios wird innerhalb der Urgeschichte erklärt, im Fall von Nahor, Haran und Abram wird dies erst im Zuge der weiteren Entwicklung in Gen 12ff deutlich.

Segen, Fluch und neue Hoffnung in der Urgeschichte: dreimal drei Söhne

Adam & Eva	Abel: Segen Kain: Fluch Set: neue Hoffnung	I + II Gen 4,25
Noah	Jafet: Segen Ham / Sohn Kanaan: Fluch Sem: neue Hoffnung	III + IV Gen 9,27
Terach	Nahor: Segen Haran / Sohn Lot: Fluch Abraham: Neue Hoffnung	V + VI Gen 11,26

Diese Betrachtungen zeigen überblicksartig, wie die Urgeschichte der Genesis als Grundlage des jüdischen und christlichen Glaubens die Welt versteht: Die gegenwärtige Welt ist geprägt vom Segen Gottes, der noch immer auf seiner Schöpfung liegt; vom Fluch als Beziehungsbruch und als Störung der guten Ordnungen Gottes und von Ansätzen neuer Hoffnung, die immer wieder dort entstehen, wo Menschen sich neu zu Gott wenden und wo Gott sich neu seinen Geschöpfen zuwendet.

Die Schöpfung ist dabei nicht „Feindesland", nicht Reich des Bösen, sondern sie bildet den Schauplatz der wechselvollen Geschichte Gottes mit seinen Geschöpfen. Innerhalb der Schöpfung geschieht das, was zählt. Der Acker im Gleichnis vom Unkraut „ist die Welt" (Mt 13,38).

3. Das Verhältnis von Mission und Weltverantwortung nach der Genesis

Die Genesis als Fundament der jüdisch-christlichen Bibel enthält zwei umfassende Aufträge Gottes an den Menschen: den Auftrag zur Weltgestaltung (Gen 1,26-28) und den Auftrag zu Segensvermittlung (Gen

12,1-3). Um den Ort der beiden Aufträge im Ganzen und ihre Relation zueinander zu bestimmen, soll wieder auf die Methode der Strukturanalyse zurückgegriffen werden.

Die Genesis ist literarisch über eine elfmal wiederkehrende Formulierung strukturiert, die mit dem Wort „Toledot" (etwa „was daraus wurde", von jalad zeugen/gebären) gebildet ist. Die Toledotformeln haben eine Scharnierfunktion und leiten jeweils von einem Hauptteil zum nächsten über. Auf diesem Wege sind über elf Scharnierstellen insgesamt zwölf Hauptteile markiert. Sechs Hauptteile bilden die Urgeschichte (Gen 1,1–11,26), die übrigen sechs die Vätergeschichte (Gen 11,27–50,25).[10]

Die beiden großen Spannungsbögen der Ur- und der Vätergeschichte enthalten in ihrem jeweils ersten Hauptteil einen großen Auftrag Gottes an die Menschen. Die nachfolgenden Hauptteile erzählen davon, wie der Auftrag Schritt für Schritt in die Tat umgesetzt wird, einschließlich der damit einhergehenden Probleme und Konflikte. Der erste Spannungsbogen reicht von der Schöpfung und dem Vermehrungs- und Herrschaftsauftrag bis hin zu der mit 70 Nationen gefüllten Welt. Der zweite Spannungsbogen reicht vom Auftrag an Abraham, zu einem Volk zu werden und zum Segen zu sein, bis hin zum Anwachsen der Abrahamsfamilie auf 70 Nachkommen und zu Josef als dem exemplarischen Segensmittler, der für ganz Ägypten und für „alle Welt" zum Versorger wird (Gen 41,57).

10 Steinberg, *„Architektonische Bauformen"*, S. 58f; vgl. Wenham, *Genesis*, S. xxii; Thomas Hieke, *Die Genealogien der Genesis*, Herders Biblische Studien 39, Freiburg u.a.: Herder, 2003, S. 45f.

Urgeschichte	**Vätergeschichte**
❶ *„Am Anfang schuf Gott Himmel und Erde"* (1,1–2,3)	❼ *„Dies ist, was aus Terach wurde"* (11,27–25,11)
Und Gott segnete sie, und Gott sprach zu ihnen: Seid fruchtbar und vermehrt euch, und füllt die Erde, und macht sie euch untertan! (aus 1,28 ELB)	*Und der HERR sprach zu Abraham: Geh in das Land, das ich dir zeigen werde! Und ich will dich zu einer großen Nation machen, und ich will dich segnen und in dir sollen gesegnet werden alle Geschlechter der Erde!* (aus 12,1-3 ELB)
❷ *„Dies ist, was aus Himmel und Erde wurde"* (2,4–4,26)	❽ *„Dies ist, was aus Ismael, dem Sohn Abrahams, wurde"* (25,12–18)
❸ *„Dies ist das Buch davon, was aus Adam wurde"* (5,1–6,8)	❾ *„Dies ist, was aus Isaak, dem Sohn Abrahams, wurde"* (25,19–35,29)
❹ *„Dies ist, was aus Noah wurde"* (6,9–9-29)	❿ *„Dies ist, was aus Esau wurde, der Edom ist"* (36,1–8)
❺ *„Dies ist, was aus den Söhnen Noahs wurde"* (10,1–11,9)	⓫ *„Dies ist, was aus Esau wurde, dem Vater Edoms"* (36,9–37,1)
❻ *„Dies ist, was aus Sem wurde"* (11,10–26)	⓬ *„Dies ist, was aus Jakob wurde"* (37,2–50,26)
→ 70 Nationen	→ 70 Nachkommen Jakobs

Wie ist das Verhältnis zwischen den beiden Aufträgen bestimmt? Entsprechend der strukturalistischen Begrifflichkeit sind eine paradigmatische und eine syntagmatische Relation zu prüfen, d.h. ein Nebeneinander/Gegenüber und ein Hintereinander.

Was die Nebeneinanderstellung angeht, hat die Strukturanalyse gezeigt, dass die beiden Aufträge in zwei parallel aufgebauten

Spannungsbögen platziert sind. Diese Parallelität lädt zum Vergleichen ein.

Über die Gottesebenbildlichkeit wurde schon viel gesagt. M.E. ist diese nicht statisch im Sinne von Abbildung und Ähnlichkeit, sondern entsprechend dem damaligen Denken dynamisch und funktional zu verstehen: Gottes Ebenbild zu sein bedeutet, Gott zu repräsentieren.[11] Aufschlussreich ist in diesem Zusammenhang das Konzept des königlichen Statthalters. Fünf Aspekte sind damit verbunden: Eine Person wird als würdig erachtet und mit der Aufgabe beauftragt; der Statthalter muss für seine Aufgabe befähigt sein und ist während der Abwesenheit des Königs zum eigenständigen Handeln ermächtigt; er handelt in Verantwortung vor dem König.

Im Rahmen des Segensauftrags sind die Menschen eingeladen, wieder neu in die Beziehung zum Schöpfer zu treten. Die Geschichten von Gen 12–50 zeigen an einer Reihe von Beispielen auf, wie die Nähe zum Segensträger zu einem Mehr an Segen (Wohlstand, Nachkommen) führt, die Abwendung vom Segensträger demgegenüber zum Verlust des Segens. In den Geschichten um Melchisedek, um Lot sowie um das Zeugnis des Josef im Gefängnis und vor dem Pharao wird Gott mit Worten bekannt und dadurch sichtbar gemacht, dass der materielle Segen letztendlich als ein Widerschein der Nähe zu Gott selbst zu verstehen ist.[12]

Theologisch können die beiden Aufträge über die Begriffe „Gottesherrschaft“ und „Gottesgemeinschaft“ einander zugeordnet werden. Es handelt sich um ein Begriffspaar, das von Georg Fohrer als doppelte „Mitte“ des Alten Testaments vorgeschlagen wurde.[13] Sowohl die Gottesherrschaft als auch die Gottesgemeinschaft werden nach

11 Siehe dazu Bernd Janowski, „Die lebendige Statue Gottes: Zur Anthropologie der priesterlichen Urgeschichte“, in: ders., *Die Welt als Schöpfung: Beiträge zur Theologie des Alten Testaments 4,* Neukirchen: Neukirchener, 2008, S. 140–171.

12 Riecker, *Priestervolk, 65–123.*

13 Georg Fohrer, „Der Mittelpunkt einer Theologie des Alten Testaments“, Theologische Zeitschrift 24 (1968), S. 161–172. Das Begriffspaar tritt im Alten Testament z.B. in den „zwei Häusern“ zutage, dem Haus Davids und dem Haus Gottes, dem Königtum und dem Tempel. So z.B. in 2Sam 7, in den zentralen Reden der Chronikbücher und in Ps 122.132, den zentralen Psalmen aus der ersten und dritten Fünfergruppe der Wallfahrtspsalmen.

der Genesis durch Menschen vermittelt: Der Mensch als Stellvertreter Gottes vermittelt Gottes Herrschaftsanspruch auf Erden. Der Mensch als Segensmittler vermittelt Gottes Gemeinschaftsangebot an die übrigen Menschen. Letztendlich gehört beides zusammen und bedingt sich gegenseitig: In der Weltgestaltung nach dem Willen Gottes entfaltet sich auch der Segen, vermittelt vom Segensträger begegnen Menschen auch der Macht Gottes.

Wie ist aber das syntagmatische Verhältnis zwischen den beiden Aufträgen zu bestimmen? Ihre Verbindung haben die beiden Aufträge in einem dritten, nämlich in der Grundstruktur der urgeschichtlichen Theologie. Dabei geht es um das schon angesprochene Verhältnis zwischen Schöpfer und Geschöpf. Der Auftrag zur Weltgestaltung steht im Rahmen dieser Beziehung. Die Herrschaft soll der Mensch in einer Mittlerposition, eben als Statthalter Gottes, ausführen. Die Ordnung von Schöpfer und Geschöpf ist jedoch bedroht – im Griff nach der verbotenen Frucht, im Zusammenhang mit den Engelehen und beim Turmbau zu Babel. Dies führt letztendlich zum Zerbrechen der Beziehung zwischen Gott und Menschen. Erst dadurch wird der zweite Auftrag notwendig.

Wichtig ist, festzuhalten, dass der Auftrag zur Weltgestaltung mit dem Hereinbrechen der Sünde in die Welt nicht hinfällig wird. Das lässt sich leicht daran ablesen, dass die Aussage von der Gottebenbildlichkeit und damit der Statthalterschaft des Menschen nach der Sintflut explizit wiederholt wird (Gen 9,6).

Zweitens gilt, dass der Auftrag zur Segensmittlerschaft den Auftrag zur Weltgestaltung nicht ablöst. Er zielt vielmehr auf die Erneuerung der Gottesbeziehung, die die Voraussetzung dafür bildet, dass der Auftrag zur Weltgestaltung wieder gelingen kann. Der zweite Auftrag ist also spezifischer als der erste. Er bedeutet auch das Engagement einer Gruppe für andere. Letztendlich steht der Auftrag zur Segensmittlerschaft damit im Dienst des ursprünglichen Auftrags.

Die Segensmittlerschaft der Abrahamsnachkommen mündet im Buch Exodus in die Aussagen über Israels Rolle in der Welt, nämlich als „Königreich von Priestern". In dieser Formulierung sind neben der Segensvermittlung – im Begriff „Priester" – auch der

Herrschaftsauftrag – im Begriff „Königtum“ – wieder aufgenommen.[14] Das Begriffspaar erscheint im Neuen Testament in 1.Petr 2,9 („königliches Priestertum“) sowie in Offb 1,6 („zu einem Königtum, zu Priestern“) und 5,10 („zu Königen und Priestern“) und wird dort auf die Gemeinde bezogen.

Die Genesis als Fundament der jüdisch-christlichen Bibel enthält also zwei umfassende Aufträge: den Auftrag zur Weltgestaltung und den zur Segensvermittlung oder Mission. Mission ersetzt nicht den Auftrag zur allgemeinen Weltverantwortung, sondern zielt darauf, den Auftrag zur Weltgestaltung wieder in Gottes Sinne wahrnehmen zu können, erweitert aber um die Perspektive, dass um die Gottesbeziehung geworben werden muss und dass es dazu der andauernden Vermittlung von dazu berufenen Menschen bedarf.

4. Leben als Weltgestalter: ökologische Konkretionen

Der Auftrag zur Weltgestaltung ist, wie oben dargestellt, mit dem Bild der königlichen Statthalterschaft verbunden. Gen 1 erklärt das Bild mit dem Begriff „herrschen“ (רדה radah), in Gen 2 werden dem die Wörter „dienen“ (עבד avad) und „bewahren“ (שׁמר schamar) zur Seite gestellt. Der Herrschaftsauftrag bezieht sich nicht auf die Herrschaft von Menschen über Menschen – dieser gegenüber ist das Alte Testament grundsätzlich skeptisch eingestellt – sondern auf die Natur. Das gleiche gilt für Gen 2. Es geht insgesamt also um einen Herrschaftsauftrag im Dienst der Schöpfung.

Um den Herrschaftsauftrag ökologisch zu konkretisieren, soll er mit drei grundsätzlichen Aussagen des Alten Testaments über die Schöpfung in Verbindung gebracht werden.

14 Zur Diskussion siehe Riecker, *Priestervolk*, S. 251–262.

4.1 Kostbare Schöpfung

Die Welt ist kostbar, weil sie Gottes Schöpfung ist. Anders als bei einem mythologischen Wirklichkeitsverständnis, nach dem die sichtbare Welt nur Nebenprodukt von Ereignissen in einer anderen Dimension ist, oder einem gnostisch-dualistischen Wirklichkeitsverständnis, nach dem es gilt, alles Materielle hinter sich zu lassen, um in höhere, geistige Sphären aufzusteigen, ist nach der Bibel die Schöpfung das direkte Objekt von Gottes Handeln, die Beziehung zwischen Schöpfer und Geschöpf die entscheidende Relation im Weltgeschehen. Alttestamentliche Texte feiern das Schöpferhandeln Gottes – und staunen über die Rolle, die dem Menschen darin zugedacht ist (Ps 8). Dass dem Menschen der Herrschaftsauftrag über eine kostbare Schöpfung erteilt wird, impliziert einerseits eine hohe Würdigung des Menschen und verlangt andererseits einen würdigenden Umgang mit der Schöpfung. Der verantwortliche Umgang mit der kostbaren Schöpfung gehört nach der Genesis zu den ehrenvollsten und bedeutendsten Aufgaben des menschlichen Daseins.

4.2 Lebensräume und Lebewesen

Ein Grundmerkmal von Gottes Schöpfung sind geordnete Räume, in denen sich je unterschiedliche Lebensformen entfalten können. Um dies nachzuzeichnen, soll noch einmal die Methode der Strukturanalyse angewendet werden: Die Schöpfungsgeschichte Gen 1,1–2,3 behandelt eine Woche von sieben Tagen. Der siebte Tag ist literarisch deutlich von den übrigen Tagen abgesetzt, so dass sich eine Aufteilung von sechs Schöpfungstagen und dem Sabbat ergibt. Die sechs Schöpfungstage wiederum lassen sich mit inhaltlichen Argumenten in zwei Gruppen zu je drei Tagen unterteilen: An den ersten drei Tagen werden durch Vorgänge des Trennens Räume vorbereitet, die an den übrigen drei Tagen mit jeweils zugehörigen Wesen besetzt werden, und zwar exakt paarweise so, dass der erste Tag dem vierten Tag entspricht, der zweite dem fünften und der dritte dem sechsten.[15]

15 Ausführlich in Steinberg, „Architektonische Bauformen“, S. 59–61.

Wohnräume Gen 1,3–13	Bewohner Gen 1,14–31
1. Tag: Licht und Finsternis	4. Tag: Sonne und Mond (und Sterne)
2. Tag: Wasser und Himmel	5. Tag: Wassertiere und Vögel
3. Tag: Festland mit Pflanzenbewuchs	6. Tag: Landtiere und Menschen

Das erklärt nicht nur die sonst irritierende Tatsache, dass die Erschaffung von Sonne und Mond erst am vierten Tag behandelt wird. Im tieferen Sinn drückt die Zuordnung etwas über die Idee von Schöpfung aus. Strukturalistisch betrachtet nimmt die Genesis zuerst eine Unterscheidung und Zuordnung zwischen Schöpfer und Schöpfung vor (Gen 1,1 als Fundamentalsatz des biblischen Schöpfungsglaubens) und daran anschließend eine Unterscheidung und Zuordnung von Räumen und Wesen. Was die Tierwelt angeht, werden in einer grundsätzlichen Weise die Lebensräume Luft, Wasser und festes Land benannt und ihnen die jeweils entsprechenden Lebensformen zugeordnet. Das Prinzip der Zuordnung von Lebensräumen und Lebewesen ist naturwissenschaftlich anschlussfähig und findet sich heute ausdifferenziert in Begriffen wie „biologisches Habitat" oder „ökologische Nische".

Die Pflanzen werden in der Schöpfungsgeschichte auf der Seite der Räume behandelt. Sie gelten hier als Ausstattung des Lebensraumes „festes Land". Tiere und Menschen bekommen ihre jeweils eigenen Lebensräume im Luftraum und im Wasser. Den Raum des festen Landes teilen sich die Landtiere und die Menschen miteinander.

Ein Grundmerkmal von Gottes Schöpfung sind also geordnete Räume, in denen sich je unterschiedliche Lebensformen entfalten können. Mit dieser Beobachtung ist auch der stellvertretende Herrschaftsauftrag des Menschen über die Schöpfung inhaltlich konkretisiert: Es gilt, die geordneten Räume zu erhalten und auch fallweise wieder herzustellen, damit sich das Leben in seinen unterschiedlichen Formen weiter entfalten kann, wie Gott es vorgesehen hat.

4.3 Die Würde tierischen Lebens

Tierisches Leben hat eine eigene, von menschlichen Interessen unabhängige Würde. Dies geht zum einen aus der Schöpfungsgeschichte hervor, die für die Tiere teilweise vom Menschen unabhängige Räume beschreibt. Zum zweiten wird der nachsintflutliche Noahbund explizit mit Menschen und Tieren geschlossen, wie Gen 9,9–17 in feierlicher Form in mehrfacher Wiederholung und Variation unterstreicht. Verlässliche Lebensräume und jahreszeitliche Rhythmen liegen genauso im Interesse der Tiere wie der Menschen. Auch die erste Gottesrede im Buch Hiob weist gegenüber einem menschlichen Allerklärungs- und Kontrollbedürfnis die Unabhängigkeit der Schöpfung von menschlichen Interessen auf: Gott sendet Regen in die Wüste, in der sich kein Mensch aufhält; Gott sorgt für die unterschiedlichsten Wildtiere, von denen der Mensch keinen Nutzen hat (Hiob 38,26f; 38,39–39,30).

Die Herrschaft des Menschen über die Tiere darf deshalb nicht von menschlichen Interessen allein bestimmt sein. Es gilt, der unabhängigen Würde des Tiers und dem Tierwohl Rechnung zu tragen.

Der Verzehr von Fleisch ist nach Gen 9,3–4 gestattet, der Respekt vor dem tierischen Leben damit jedoch nicht aufgehoben. Bei der Schlachtung wird der Respekt über das Bluttabu zeichenhaft zum Ausdruck gebracht. Die Vision der Bibel in Urzeit und Endzeit geht allerdings über die uns vorstellbare Welt mit ihren Nahrungsketten hinaus und malt einen umfassenden Schöpfungsfrieden vor Augen.

5. Das Verhältnis von eschatologischer Hoffnung und Weltverantwortung im Alten Testament

Relativiert die eschatologische Hoffnung des Neuen Testaments die alttestamentlichen Impulse zur Weltverantwortung? Gelegentlich begegnet die Sichtweise, das Alte Testament handle vom Leben in der Gegenwart (dem Vorläufigen), während das Neue Testament von der Hoffnung auf das Kommende (dem Endgültigen) handle. Dagegen ist eine Strukturanalogie zwischen Altem und Neuem Testament hochzuhalten: Beide handeln vom Leben in der Gegenwart, das zugleich ein Leben in der Hoffnung auf das Kommende ist.

Das Leben im Licht der Hoffnung ist bereits im Alten Testament selbst ein zentrales Thema. Wie oben schon dargestellt, sind in der Genesis Weltverantwortung und Segensauftrag miteinander verknüpft. Von Abraham angefangen zieht sich die Perspektive der Hoffnung durch die gesamte alttestamentliche Geschichte. Immer wieder steht die Verheißung Gottes einer gebrochenen Realität gegenüber. Daraus entsteht eine Dynamik, die die Geschehnisse vorantreibt. Letztendlich reicht die Hoffnung, die das Alte Testament vermittelt, über das Alte Testament und seine Zeit und seine Welt hinaus.

Ohne eschatologische Hoffnung bliebe nur das Hier und Jetzt, das Festklammern an dem, was Menschen möglich machen können. Das wird allerdings auch als ein Vorwurf an Christen gerichtet. Wer sich für die Welt engagiert, gerät mitunter in den Verdacht, seine Jenseitshoffnung aufgegeben zu haben.

Aber auch umgekehrt kann ein Missverständnis entstehen: Wenn nämlich der Blick so sehr auf das Jenseits gerichtet wird, dass das Leben im Hier und Jetzt seine Bedeutung verliert. Damit gerät allerdings auch das Leiden von Mensch und Tier aus dem Blick und das Leben in der Schöpfung Gottes wird zu einem „Uneigentlichen". Eine solche eschatologische Hoffnung führt folgerichtig zur Weltflucht.

Eschatologische Hoffnung kann aber auch zu Weltverantwortung führen, dann nämlich, wenn Menschen das Hier und Jetzt mit dem Blick des Erbarmens, der Hoffnung, der lebensverändernden Möglichkeiten Gottes wahrnehmen. Das ist die Kraft, die in der Verheißung liegt.[16]

Zu welcher Haltung tendieren die Zeugnisse der Bibel? Einige der biblischen Texte sprechen von Zeiten der großen Bedrängnis und Verfolgung. Wenn der eigene Handlungsspielraum gering ist, liegt der Fokus tatsächlich auf dem Aushalten und dem Durchhalten mit dem Blick auf die kommende, bessere Welt.

Doch immer da, wo Gestaltungsräume vorhanden sind, rufen die

16 Zur Verheißung im Alten Testament siehe Walter Brueggemann, *Theology of the Old Testament: Testimony, Dispute, Advocacy*, Minneapolis: Fortress, 1997, S. 164–173.

biblischen Texte auf, diese zu nutzen und zu gestalten. Für das Gottesvolk des Alten Bundes gab es nicht zuletzt politische Gestaltungsräume. Tatsächlich beschreibt das Deuteronomium über weite Strecken eine politische Verfassung. Themen sind die gerechte Regulierung von Macht, von Landbesitz, die Regulierung der Rechtsprechung und anderen Themen.[17] Weltverantwortung im Sinne von politischer Verantwortung steht nicht im Gegensatz zum priesterlichen Auftrag Israels für die Welt, sondern wird damit verbunden: Das Leben nach den mosaischen Rechtsbestimmungen und den darin vermittelten Werten ist geradezu ein Akt der Mission (Dtn 4,5–8).

Für die ersten Christen bezogen sich die Handlungsmöglichkeiten eher auf das private Umfeld, wie die paränetischen Abschnitte der neutestamentlichen Briefe zeigen. In den Endzeitreden Jesu in Mt 24f wird die Mitmenschlichkeit, das Engagement für den anderen Menschen in Not, zum Prüfkriterium, das zwischen Schafen und Böcken unterscheidet. Zugespitzt formuliert: Die Frage, ob Menschen ihre Weltverantwortung wahrgenommen haben, hat „Ewigkeitsbedeutung".

Bezogen auf die christliche eschatologische Hoffnung wird weiterhin die Frage diskutiert, inwieweit es sich bei der in den Texten angekündigten neuen Welt um eine völlige Neuschöpfung handelt, die also losgelöst von der jetzigen Welt zu betrachten ist, oder ob sich das „siehe, ich mache alles neu" auf eine umfassende Erneuerung der existierenden Schöpfung Gottes bezieht. Auch dies hat natürlich Einfluss darauf, als wie relevant ein Engagement für die bestehende Schöpfung angesehen wird. Der Frage wird in den nachfolgenden Beiträgen dieses Bandes weiter nachgegangen werden. Ein – vielleicht eher illustratives – Argument zur Frage ergibt sich aus dem gesamtbiblischen Spannungsbogen von Genesis 1f nach Offb 21: Proton und Eschaton sind in vielem vergleichbar, aber nicht identisch. Insbesondere gibt es eine Entwicklung vom Garten zur Stadt, dem „neuen Jerusalem". Jerusalem ist aufgeladen mit Geschichte wie kaum ein anderer Ort. Die Geschichte dieser Welt ist im Eschaton offensichtlich nicht ausgelöscht – etwa zugunsten eines zeitlosen, geschichtslosen Zustandes –,

17 Siehe dazu Joshua A. Berman, *Created Equal: How the Bible Broke with Ancient Political Thought*, Oxford: Oxford University Press, 2008.

sondern die Geschichte dieser Welt prägt auch die kommende Welt mit. Geschichte hat also „Ewigkeitsbedeutung“.

Im Blick auf das Verhältnis von Eschatologie und Weltverantwortung ist eine weitere Frage von Bedeutung: Ökologisches Engagement wird in manchen Kreisen als der zum Scheitern verurteilte Versuch gebrandmarkt, eine Utopie zu verwirklichen, während nach der Bibel die Neuschöpfung der Welt allein Gottes Sache sei. In dem Zusammenhang ist zu klären, wie nach dem Alten Testament menschliches und göttliches Handeln im Blick auf das Kommen von Gottes neuer Welt zusammenwirken.

Die eschatologische Hoffnung des Alten Testaments bezieht sich auf ein Neues, das nur von Gott selbst verwirklicht werden kann. Dies wird schon bei Abraham, dem „Vater des Glaubens“, und seiner Frau Sara deutlich, die erst als altgewordenes Ehepaar den versprochenen Sohn bekommen. Nach dem Scheitern des israelitischen Königtums eröffnen die Propheten den Blick auf messianische Hoffnungen. Es ist allein Gott, der das „tote“ Israel zu neuem Leben erweckt, wie in der Vision von den Totengebeinen in Ez 38 deutlich wird. Dem Streben nach einer menschengemachten Heilszeit wird demnach eine klare Absage erteilt.

Dass Gott Neues schafft, bedeutet aber nicht, dass Menschen passiv bleiben sollten. Es gibt eine Reihe von Stellen z.B. im Buch Jesaja, die dazu aufrufen, mit Blick auf die kommende Erneuerung durch Gott schon jetzt in Gottes Sinne tätig zu werden. So endet die Vision vom künftigen Friedensreich in Jes 2,1–5 mit dem Aufruf: „Haus Jakob, kommt, laßt uns im Licht des HERRN leben!“. Es gilt also, angesichts der Zukunftshoffnung schon heute im Licht Gottes zu leben.

Der dritte Hauptteil des Jesajabuches, Kap. 56–66, steht insgesamt unter der Perspektive „Leben mit Blick auf das anbrechende Reich Gottes“.[18] In der Eröffnung in Jes 56,1 heißt es:

> So spricht der HERR: Wahrt das Recht und übt Gerechtigkeit! Denn mein Heil ist nahe, dass es kommt, und meine Gerechtigkeit, dass sie geoffenbart wird. (Jes 56,1)

18 John N. Oswalt, *The Book of Isaiah*, New International Commentary, Grand Rapids, Michigan: Eerdmans, 1986/1998, S. 451–453; zum Aufbau von Jes 56–66 siehe ebd., S. 462–465.

Die Leserinnen und Leser sind also aufgerufen, angesichts von Gottes kommender Gerechtigkeit schon jetzt mit ganzer Kraft nach Gerechtigkeit zu streben.

Die große Vision im Zentrum des dritten Buchteils, Jes 60–62 eröffnet ganz ähnlich:

> Mache dich auf, leuchte (אוֹרִי ori Imperativ); denn dein Licht kommt, und die Herrlichkeit des HERRN geht auf über dir! (Jes 60,1)

In Jes 9,1 durfte das Volk, das im Dunkeln wohnt, ein Licht sehen. In Jes 60,1 werden die Menschen aufgerufen, selbst mit aktiv zu werden, um das Licht herbeizuführen.

6. Leben im Gottesbund: ökologische Konkretionen

Das Leben im alttestamentlichen Gottesbund ist gekennzeichnet von der Spannung zwischen dem „schon jetzt“ und dem „noch nicht“. Zum Unterwegssein mit Gott gehört eine Haltung der „Gerechtigkeit“ (צְדָקָה Zedaqah), d.h. ein der Gemeinschaft zugewandtes Verhalten. Diese umfasst auch das Mitgefühl für Tiere und das Eintreten für Tiere, wie Gesetzestexte und weisheitliche Ermahnungen zeigen:

> Du darfst nicht zusehen, wie der Esel deines Bruders oder sein Rind auf dem Weg fallen, und dich ihnen entziehen; du sollst sie unbedingt mit ihm aufrichten. (Dtn 22,4)

> Du sollst dem Ochsen nicht das Maul verbinden, wenn er drischt. (Dtn 25,4)

> Der Gerechte erbarmt sich seines Viehs; aber das Herz der Frevler ist unbarmherzig. (Spr 12,10)

Gott selbst hat Mitgefühl für Tiere:

> Deine Gerechtigkeit ist den Bergen Gottes gleich, deine Rechtssprüche dem gewaltigen Urmeer; Menschen und Vieh (בְּהֵמָה behemah umfasst Nutztiere und Wildtiere) hilfst du, o HERR. (Ps 36,7)

> Und mich sollte nicht jammern Ninive, eine so große Stadt, in der mehr als hundertzwanzigtausend Menschen sind, die nicht wissen, was rechts oder links ist, dazu auch viele Tiere? (Jona 4,11)

Ein Ort, an dem eschatologische Hoffnung mitten im Alltag zum Ausdruck kommt, ist der Sabbat. Bei der Sabbatruhe geht es zum einen um den schöpfungsbezogenen Rhythmus von Arbeit und Ruhe. Der Sabbat ist aber auch Tag der Befreiung aus der Sklaverei. Das Sabbatgebot ist außerdem als Arbeitnehmerschutzgesetz zu verstehen, das die Abhängigen der israelitischen Hausgemeinschaft schützt und der Ausbeutung eine Grenze setzt.

In diese für den Bund zentrale Struktur sind die Nutztiere ausdrücklich mit aufgenommen: Im Dekalog in Ex 20,8-11 „und dein Vieh", mit der Begründung von der Schöpfungswoche her; in Dtn 5,12-15 „und dein Rind und dein Esel und all dein Vieh", mit Begründung von der Errettung aus der Sklaverei her.

Die Gesetzestexte des Alten Testaments sind in der Regel paradigmatisch oder exemplarisch zu verstehen, d.h. es geht nicht (nur) um den Buchstaben des Gesetzes, sondern um die damit vermittelte Haltung. Auch ein Nutztier hat Würde und Rechte.

Das Bundesbuch Ex 20–24 ist nach dem Dekalog das wichtigste Dokument des Bundes. Der innere Hauptteil des Bundesbuches (Ex 21,2–23,12)[19] beginnt und endet mit Passagen, die von Mitmenschlichkeit handeln und die sich auf das Muster von 6+1 beziehen: auf den Sabbat, das Sabbatjahr sowie den Schuldenerlass nach sechs Jahren. Im Schlussvers dieses Rahmens, dem abschließenden Appell, sind die Nutztiere wieder mit aufgeführt:

19 Begrenzt durch die beiden „Orienter" Ex 21,1 und 23,13, siehe Christoph Dohmen, *Exodus 19-40,* Herders Theologischer Kommentar, Freiburg u.a.: Herder, 2004, S. 150.

Sechs Tage sollst du deine Arbeiten verrichten. Aber am siebten Tag sollst du ruhen, damit dein Rind und dein Esel ausruhen und der Sohn deiner Magd und der Fremde Atem schöpfen. (Ex 23,12)

Fazit

Als Christen bauen wir Gemeinde nach dem Neuen Testament. Im Blick auf Schöpfung und Weltverantwortung setzt das Neue Testament die vom Alten Testament gelegten Grundlagen voraus. Das Alte Testament enthält substanzielle Beiträge zum Tierschutz und zur Thematik der Lebensräume. Linien zur ökologischen Verantwortung im weiteren Sinne lassen sich ziehen. Die Alternative „Mission oder Weltverantwortung" ist nach alttestamentlichem (und neutestamentlichen) Verständnis falsch gestellt, beides ist untrennbar miteinander verbunden. Eschatologische Hoffnung, wie die Bibel sie vermittelt, führt nicht zur Weltflucht, sondern im Gegenteil: Beflügelt von eschatologischer Hoffnung können wir uns als von Gott Befreite einsetzen für die Welt, für Mensch und Tier, für die Lebensräume der Generationen, die nach uns kommen.

Literatur

Barton, John, Reading the Old Testament. Method in Biblical Study, 2. Aufl., London: Darton, Longman and Todd, 1996.

Berman, Joshua A, Created Equal. How the Bible Broke with Ancient Political Thought, Oxford: Oxford University Press, 2008.

Brueggemann, Walter, Theology of the Old Testament. Testimony, Dispute, Advocacy, Minneapolis: Fortress, 1997.

Clines, David J. A., The Theme of the Pentateuch, JSOT Supp 10, Nachdr. d. 1. Aufl. v. 1978, Sheffield: JSOT Press, 1994.

Dohmen, Christoph, Exodus 19-40, Herders Theologischer Kommentar, Freiburg u.a.: Herder, 2004.

Fohrer, Georg, „Der Mittelpunkt einer Theologie des Alten Testaments", Theologische Zeitschrift 24 (1968), S. 161–172.

Hagner, Donald A., Matthew 1–13, Word Biblical Commentary 33A, Waco, Texas: Word, 1993.

Hieke, Thomas. Die Genealogien der Genesis. Herders Biblische Studien 39, Freiburg u.a.: Herder, 2003.

Janowski, Bernd, „Die lebendige Statue Gottes: Zur Anthropologie der priesterlichen Urgeschichte“, in: ders., Die Welt als Schöpfung: Beiträge zur Theologie des Alten Testaments 4, Neukirchen: Neukirchener, 2008, S. 140–171.

O’Brien, Peter T., Colossians, Philemon, Word Biblical Commentary 44, Waco, Texas: Word, 1982.

Oswalt, John N., The Book of Isaiah, New International Commentary, Grand Rapids, Michigan: Eerdmans, 1986/1998.

Riecker, Siegbert. Ein Priestervolk für alle Völker. Der Segensauftrag Israels für alle Nationen in der Tora und den Vorderen Propheten. Stuttgarter Biblische Beiträge 59, Stuttgart: Katholisches Bibelwerk, 2007.

Steinberg, Julius. „Architektonische Bauformen als Mittel der literarischen Kommunikation am Beispiel von Gen 1-4“, in: Walter Hilbrands, Hrsg., Sprache lieben – Gottes Wort verstehen: Beiträge zur biblischen Exegese, FS Heinrich von Siebenthal, Gießen: Brunnen, 2011, S. 51–73.

Steinberg, Julius. „Zur Ausbeutung freigegeben? Der alttestamentliche Herrschaftsauftrag über die Schöpfung und die ökologische Krise“, in: Thomas Hieke und Konrad Huber, Hrsg., Bibel falsch verstanden: Hartnäckige Fehldeutungen biblischer Texte erklärt, Stuttgart: Katholisches Bibelwerk, 2020, S. 28–35.

Weippert, Manfred, „Tier und Mensch in einer menschenarmen Welt. Zum sogenannten dominium terrae in Genesis 1“, in: Hans-Peter Mathys, Hrsg.: Ebenbild Gottes – Herrscher über die Welt. Studien zu Würde und Auftrag des Menschen, Neukirchener Verlag, 1998, S. 35–55.

Wenham, Gordon, Genesis 1–15, Word Biblical Commentary 1, Waco, Texas: Word, 1987.

Christliche Hoffnung – zwischen himmlischer Herrlichkeit und Reich Gottes auf Erden[1]

Ralf Dziewas

Der Tübinger Theologe Jürgen Moltmann hat bereits in den 1960er-Jahren die Bedeutung des Themas „Christliche Hoffnung“ in der Einleitung zu seinem in der Folgezeit berühmt gewordenen Buch „Theologie der Hoffnung“ wie folgt auf den Punkt gebracht:

„Das Christentum ist ganz und gar nicht nur im Anhang Eschatologie, ist Hoffnung, Aussicht und Ausrichtung nach vorne, darum auch Aufbruch und Wandlung der Gegenwart. Das Eschatologische ist nicht etwas am Christentum, sondern es ist schlechterdings das Medium des christlichen Glaubens, der Ton, auf den in ihm alles gestimmt ist, die Farbe der Morgenröte eines erwarteten neuen Tages, in die hier alles getaucht ist. Denn der christliche Glaube lebt von der Auferweckung des gekreuzigten Christus und streckt sich aus nach den Verheißungen der universalen Zukunft Christi.“[2]

Wenn wir also über die christliche Hoffnung reden, dann reden wir nicht über einen von vielen Aspekten der christlichen Dogmatik, dann reden wir über den Kern des christlichen Glaubens. Glauben ohne Hoffnung ist kein christlicher Glaube, weil der gekreuzigte Christus seit seiner Auferweckung die Zukunft dieser Welt und damit auch die Zukunft derer bestimmt, die an ihn glauben.

Aber um welche Hoffnung geht es dabei konkret? Was haben wir von Gott her zu erwarten? Was ist das Ziel christlicher Hoffnung? Richtet sie sich auf die himmlische Herrlichkeit oder auf das Reich Gottes auf Erden? Was ist unsere zentrale Hoffnung im Glauben und im Leben? Ist für unser Leben entscheidend, dass wir nach unserem Tod Eingang finden in das ewige Leben in Gottes Gegenwart oder wir

1 Vortrag auf der Theologischen Woche des Bundes Freier evangelischer Gemeinden zum Thema „Zwischen Weltflucht und Weltverantwortung“ vom 16.-17.03.2021 an der Theologischen Hochschule Ewersbach. Der Vortragsstil wurde bewusst beibehalten und die Fußnoten ergänzt.

2 Jürgen Moltmann: Theologie der Hoffnung (1966 u.ö), S.12

Gottes Mitarbeiterinnen und Mitarbeiter beim Bau seines Reiches auf Erden sind, damit Gottes Herrschaft in dieser Welt zur Vollendung kommt?

1. Individuelle und universale Eschatologie im freikirchlichen Kontext

Im Blick auf die Kirchen- und Theologiegeschichte kann systematisch-theologisch zwischen der individuellen und der universalen Eschatologie unterschieden werden.[3] Die Eschatologie als Lehre von den „letzten Dingen", also dem, was am Ende sein wird, hat im Blick auf die christliche Hoffnung dabei zwei unterschiedliche Fragenkomplexe zu beantworten, die das Spannungsfeld unseres Themas ausmachen:

Da ist zum einen die individuelle Frage: Was wird aus mir, wenn das Ende meines Lebens erreicht ist? Gibt es für mich ein Leben nach dem Tod? Und wenn ja, wie sieht es aus, und wie komme ich dort hin? – Das ist das Thema der individuellen Eschatologie. Aber daneben steht die zweite, die universale Fragestellung: Was wird aus dieser Welt, in der ich lebe? Steht am Ende Gottes ewiges Reich des Friedens oder der apokalyptische Untergang der Welt? Wie also sieht das Ziel der Schöpfung aus und was bedeutet das für uns Menschen als Gottes Geschöpfe in dieser Welt? – Das ist das Thema der universalen Eschatologie.

Wir haben als freikirchliche Gemeindebewegungen in unserer vom Pietismus und der Erweckungsbewegung geprägten Frömmigkeit immer einen großen Wert auf das Themenfeld der individuellen Eschatologie gelegt. Wir haben viel über die Ewigkeit als wahres Ziel des menschlichen Lebens gepredigt und unsere Heilsgewissheit bekannt, dass wir durch den Glauben an Jesus Christus Gerettete sind, die aus Gottes Gnade ewiges Leben geschenkt bekommen werden. Und wir haben allen Menschen versucht klarzumachen, dass sie diesen Glauben auch brauchen, wenn sie ewiges Leben haben wollen. Unterschiedliche Akzente haben wir dann eher in der Frage gesetzt, wer außer uns noch mit uns dabei sein wird in Gottes himmlischer

3 Vgl. Körtner, Ulrich H.J.: Dogmatik, Leipzig 2018 [LETh 5], S. 605.

Herrlichkeit. Da konnten die Antworten dann mehr oder weniger exklusiv ausfallen.[4] Aber dass es im Leben und Sterben um diese Hoffnung auf das ewige Leben ging, das war unter uns Freikirchlern zumindest bis zu den Diskussionen um die 68er-Bewegung immer klar.[5]

Aber auch das andere Thema hatte in der freikirchlichen Szene seinen Raum. Es gab vor allem evangelikale Kreise, die sich stark mit sogenannten Endzeitthemen beschäftigten, die aufgrund bestimmter Ereignisse der Weltgeschichte das Ende der Welt oder die Wiederkunft des Herrn nahe sahen. Da wurde darüber diskutiert, ob das „Tier aus dem Abgrund" mit der Zahl 666 schon erschienen ist und woran man das erkennen kann, oder ob der Aufstieg des Antichristen erst noch bevorsteht. Aber die Mehrzahl freikirchlicher Gemeindemitglieder hat sich nicht daran beteiligt, darüber nachzudenken, wo die Schlacht von Harmagedon stattfinden wird. Man betrachtete derartige Spekulationen eher mit einer Mischung aus Faszination und Skepsis und überließ den Streit darum den „Endzeitspezialisten".[6]

Was interessanterweise in den meisten freikirchlichen Gemeindebünden pietistisch-erwecklicher Prägung – zumindest hier bei uns in Deutschland – weniger Anklang fand, war die Hoffnung auf die sich zum Reich Gottes entwickelnde Welt. Die Erwartung, dass am Ende die Geschichte auf ein globales Friedensreich hinausläuft, in dem die gesamte Menschheit friedlich und versöhnt miteinander leben wird, hatte nur wenige Verteidiger in unseren freikirchlichen Gemeinden. Vielleicht deshalb, weil eine solche Theologie im Zukunftsoptimismus

4 Zur Breite des theologischen Spektrums im Bereich einer evangelistisch ausgerichteten Verkündigung vgl. Kißkalt, Michael: Evangelisation zwischen Allversöhnung und ewiger Verdammnis. Warum evangelisieren, wenn doch alle Menschen zu Gott kommen?, in: ZThG 13 (2008) S.113-135.

5 Vgl. dazu Dziewas, Ralf: Von der Bekehrung zur Gesellschaftstransformation. Entwicklungen und Perspektiven des freikirchlichen Missionsverständnisses, in: Koslowski, Jutta / Krebs, Andreas (Hg.): Mission zwischen Proselytismus und Selbstabschaffung, Leipzig 2017 [BÖR 115], S.85-114.

6 Vgl. Dietz, Thorsten: Die Evangelikalen und das apokalyptische Weltbild [https://www.reflab.ch/die-evangelikalen-und-das-apokalyptische-weltbild/, abgerufen am 28.05.2021] Eine ausführliche Diskussion dieser apokalytischen Eschatologie bietet Stuhlhofer, Franz: „Das Ende naht". Die Irrtümer der Endzeitspezialisten. Gießen 1992.

des 19. Jahrhunderts, also zur Zeit der Etablierung der traditionellen Freikirchen in Deutschland, gerade in den Kirchen populär war, von denen sich unsere Gemeinden abwandten und abgrenzten.[7]

Aber schauen wir – vor dem Hintergrund unserer eigenen, freikirchlichen Prägungen – auf die biblischen Texte zum Thema Hoffnung, so, wie wir das immer tun, wenn wir theologische Grundsatzfragen diskutieren.

2. Die biblische Basis der christlichen Hoffnung

2.1 Die Reich-Gottes-Hoffnung des alten Israels

Schaut man zunächst auf das für uns so zentrale Themenfeld der individuellen Eschatologie, fällt auf, dass diese im Kontext der hebräischen Bibel weitestgehend fehlt.[8] Das alte Israel lebte ohne eine Auferstehungsvorstellung und auch die Vorstellung einer Seele, die den Menschen nach seinem Tod überleben könnte, gibt es in der Anthropologie des alten Israels zunächst nicht. Das in den meisten deutschen Bibelübersetzungen als Seele wiedergegebene hebräische Wort „nefesch" bedeutet wörtlich Kehle. Der Mensch hat keine Seele, er ist

7 Interessanterweise setzte zeitgleich in Amerika die Social Gospel-Bewegung in den in Deutschland als Freikirchen organisierten Denominationen genau auf dieses Themenfeld. Vgl. zur Social-Gospel-Bewegung und ihrem wesentlichen baptistischen Vertreter Walter Rauschenbusch Oelschlägel, Christian: „Reich Gottes" im Sozialprotestantismus der USA. Walter Rauschenbuschs „Theology for the Social Gospel", in: Eurich, Johannes (Hg.): Diakonische Orientierungen in Praxis und Bildungsprozessen, Heidelberg 2005 [DWI-Info 37], S.69-82 sowie Dziewas, Ralf: Social Gospel und moderne Sozialtheologie. Zur Bedeutung der Reich-Gottes-Vorstellung für eine gesellschaftsverändernde Diakonie, in: Böttigheimer, Christoph / Dziewas, Ralf / Hailer, Martin (Hg.): Was dürfen wir hoffen? Eschatologie in ökumenischer Verantwortung, Leipzig 2014 [Beihefte zur Ökumenischen Rundschau 94; Veröffentlichungen des Interkonfessionellen Theologischen Arbeitskreises 4] S.113-131, ebenfalls abgedruckt in: ZThG 18 (2013) S.199-214.

8 Vgl. Waschke, Ernst-Joachim: Art. Auferstehung, 2. Altes Testament, in: RGG[4] Bd.1, Sp.915-916, hier Sp.915. Zur Entstehung einer individuellen Eschatologie in der späten israelitischen Theologie vgl. Kaiser, Otto: Der Gott des Alten Testaments. Wesen und Wirken. Theologie des Alten Testaments Teil 3: Jahwes Gerechtigkeit, Göttingen 2003 [UTB 2392], S.308-342.

Seele, solange er durch seine Kehle den von Gott gegebenen Odem ein- und ausatmen kann. Und wenn ein Mensch nicht mehr atmet, ist er tot und dann ist es auch vorbei mit dem Seele-Sein.[9] Mit dem Tod endet aber auch die Beziehung des Menschen zu Gott, denn den Verstorbenen fehlt der Odem, um Gott zu loben.[10] Gerade deshalb können Menschen angesichts des drohenden Todes Gott auffordern, ihre Seele zu erretten, damit sie nicht in die Grube hinabfahren, denn von Toten hat Gott keinen Lobpreis mehr zu erwarten.[11]

> Denn die Toten loben dich nicht, und der Tod rühmt dich nicht, und die in die Grube fahren, warten nicht auf deine Treue; sondern allein, die da leben, loben dich so wie ich heute. (Jes 38,18-19a)

Wovon die hebräische Bibel hingegen voll ist, ist die Vorstellung, dass Gottes Herrschaft sich am Ende durchsetzen wird in dieser Welt. Vor allem in der prophetischen Literatur finden sich viele Visionen des Heils, in denen eine Welt beschrieben wird, in der Menschen in Frieden und Geborgenheit ihr Leben genießen dürfen. Hoffnungsbilder einer Welt ohne Leid und Ungerechtigkeit. Bilder, die Mut machen, trösten und Orientierung geben angesichts des erlebten Unrechts und Unfriedens in der Welt.[12]

Am bekanntesten ist sicherlich die Vision einer endzeitlichen

9 Vgl. zum hebräischen Nefesch-Verständnis Seebass, H.: Art. נֶפֶשׁ, in: ThWAT V (1986), Sp. 531-555.

10 Vgl. Staubli, Thomas: Begleiter durch das Erste Testament. Mit Bildern von Gabriela Zumstein-Hochreutener, Ostfildern, [5]2014, S.102f.

11 Vgl. Ps 6,6; 30,10; 88,11; 115,17f; Sir 17,27f. Vgl. Janowski, Bernd: Die Toten loben JHWH nicht. Psalm 88 und das alttestamentliche Todesverständnis, in: ders.: Der Gott des Lebens. Beiträge zur Theologie des Alten Testaments 3, Neukirchen-Vluyn 2003, S.201-243.Wo in alten Erzählungen Israels die aus anderen altorientalischen Religionen bekannte Vorstellung begegnet, dass man zumindest die Geister Verstorbener wieder heraufbeschwören könne (z.B. bei der Totenbeschwörerin von Endor in 1.Sam 28,3-25) ist allen Beteiligten klar, dass es sich hierbei um mit dem israelitischen Glauben unvereinbare und darum unter Todesstrafe verbotene Praktiken handelt (Dtn 18,9-11, Lev 20,.27). Vgl. Staubli, Begleiter, S.230.

12 Zur Entwicklung dieser universalen Eschatologie im Kontext der altisraelitischen Prophetenbücher vgl. Kaiser, Otto: Der Gott des Alten Testaments Teil 3, S.133-231.

Friedenswallfahrt aller Völker zum Zion, die fast wortgleich sowohl in Micha 4 als auch in Jesaja 2 überliefert ist:

> In den letzten Tagen aber wird der Berg, darauf des HERRN Haus ist, fest stehen, höher als alle Berge und über alle Hügel erhaben. Und die Völker werden herzulaufen, und viele Heiden werden hingehen und sagen: Kommt, lasst uns hinauf zum Berge des HERRN gehen und zum Hause des Gottes Jakobs, dass er uns lehre seine Wege und wir in seinen Pfaden wandeln! Denn von Zion wird Weisung ausgehen und des HERRN Wort von Jerusalem. Er wird unter vielen Völkern richten und mächtige Nationen zurechtweisen in fernen Landen. Sie werden ihre Schwerter zu Pflugscharen machen und ihre Spieße zu Sicheln. Es wird kein Volk wider das andere das Schwert erheben, und sie werden hinfort nicht mehr lernen, Krieg zu führen. Ein jeder wird unter seinem Weinstock und Feigenbaum wohnen, und niemand wird sie schrecken. Denn der Mund des HERRN Zebaoth hat's geredet. Ein jedes Volk wandelt im Namen seines Gottes, aber wir wandeln im Namen des HERRN, unseres Gottes, immer und ewiglich! (Micha 4,1-5)

Wir haben es hier mit der Vision einer friedlichen Welt zu tun, in der am Ende der Geschichte sogar die religiösen Differenzen unerheblich geworden sind, weil sich die gesamte Weltgemeinschaft an der Thora, dem guten Willen Gottes orientiert.[13] Noch weiter geht aber die im dritten, nachexilischen Teil des Jesajabuches überlieferte Vision einer versöhnten Schöpfungsgemeinschaft am Zion:

13 Die Parallele in Jes 2 endet ohne diese Vorstellung und ohne das friedliche Sitzen unter Weinstock und Feigenbaum nur mit der Aufforderung „Kommt nun, ihr vom Hause Jakob, lasst uns wandeln im Licht des HERRN!" (Jes 2,5) Welche der beiden Textversionen älter ist, ist in der Forschung umstritten. Vgl. Kessler, Rainer: Micha, Freiburg i.Br. / Basel / Wien 1999 [HThKAT], S.178-183, der sich aufgrund von Motivverbindungen zu anderen Michatexten für die ursprüngliche Verankerung im Michabuch entscheidet. Neben der Vorstellung, dass das am Ende erwartete Friedensreich ein Ergebnis der Einsicht der Völker in die Thora Jahwes ist, wie es hier bei Mi 4 und Jes 2 oder in Jes 60,1-3 angekündigt wird, gibt es in der hebräischen Bibel aber auch Traditionen wie in Joel 4 und Sach 14, nach denen der Friede Jahwes sich erst nach einer großen Völkerschlacht am Zion durchsetzen wird.

> Denn siehe, ich erschaffe Jerusalem zur Wonne und sein Volk zur Freude, und ich will fröhlich sein über Jerusalem und mich freuen über mein Volk. Man soll in ihm nicht mehr hören die Stimme des Weinens noch die Stimme des Klagens. Es sollen keine Kinder mehr da sein, die nur einige Tage leben, oder Alte, die ihre Jahre nicht erfüllen, sondern als Knabe gilt, wer hundert Jahre alt stirbt, und wer die hundert Jahre nicht erreicht, gilt als verflucht. Sie werden Häuser bauen und bewohnen, sie werden Weinberge pflanzen und ihre Früchte essen. Sie sollen nicht bauen, was ein anderer bewohne, und nicht pflanzen, was ein anderer esse. Denn die Tage meines Volks werden sein wie die Tage eines Baumes, und ihrer Hände Werk werden meine Auserwählten genießen. Sie sollen nicht umsonst arbeiten und keine Kinder für einen frühen Tod zeugen; denn sie sind das Geschlecht der Gesegneten des HERRN, und ihre Nachkommen sind bei ihnen. Und es soll geschehen: Ehe sie rufen, will ich antworten; wenn sie noch reden, will ich hören. Wolf und Lamm sollen beieinander weiden; der Löwe wird Stroh fressen wie das Rind, aber die Schlange muss Erde fressen. Man wird weder Bosheit noch Schaden tun auf meinem ganzen heiligen Berge, spricht der HERR. (Jes 65,18b-25)

Es sind diese kraftvollen Bilder einer universalen Eschatologie, die den historischen Ausgangspunkt aller jüdisch-christlichen Zukunftshoffnung bilden. Nicht das individuelle Heil sondern die Vollendung der Schöpfung steht hier im Mittelpunkt. Ziel der Geschichte ist die in Frieden vereinte und ohne Krieg, Krankheit und Leid lebende Menschheit, die Teil einer nicht mehr von Tod und Gewalt bedrohten Schöpfung ist. Diese Hoffnung auf das Reich Gottes am Ende der Zeiten erwächst aus dem Vertrauen auf die weltverändernde Neugestaltungsmacht Gottes, der Himmel und Erde nach seinem Willen so erneuern kann, dass sein guter Wille für die Schöpfung sich am Ende auch durchsetzen wird.[14]

14 Diese Vorstellung prägt auch die in Jes 11,1-9 überlieferte Weissagung des messianischen Friedensrichters, mit dessen Gericht ebenfalls die Gewalt zwischen Wolf und Lamm, Panther und Böcklein, Kuh und Bärin, Kalb und Löwe sowie zwischen dem kleinen Kind und der Schlange endet.

2.2 Die Entstehung der Auferweckungshoffnung

Während die Texte der hebräischen Bibel noch keine dezidierte individuelle Auferstehungshoffnung enthalten, lässt sich diese in den griechisch verfassten Apokryphen aus der Zeit zwischen Altem und Neuem Testament nachweisen. So ist in den Makkabäerbüchern diese Vorstellung ab dem 2. Jahrhundert v. Chr. mit der Zeit der Makkabäeraufstände gegen die hellenistische Fremdherrschaft über Israels verbunden. Als Israel nach dem frühen Tod Alexanders des Großen und dem Zerfall des griechischen Weltreichs erst Teil des ptolemäischen und dann des seleukidischen Diadochenreichs wurde, erlitten viele fromme Juden unter Antiochus IV. Epiphanes, der von 175-164 regierte, harte Verfolgungen bis hin zum Martyrium. Sie litten und starben, weil sie gegen die Besatzungsmacht kämpften oder weiterhin die Gesetze der Thora einhielten, obwohl der Seleukidenherrscher die jüdische Religion verboten hatte und einen hellenistischen Kult zwangsweise einführen ließ, um die für die Makkabäeraufstände wichtige religiöse Identität der Juden aufzubrechen.[15]

Sowohl die Makkabäerbücher wie das in dieser Zeit entstandene Buch Daniel trösten ihre Leserinnen und Leser mit der Hoffnung, dass am Jüngsten Tag Gott selbst Gericht halten wird. Und dann werden die Frommen mit neuem Leben belohnt und die Bösen auf ewig vernichtet.[16] So wird z.B. im Kapitel 7 des zweiten Makkabäerbuches das Schicksal einer Mutter geschildert, die mit ansehen muss, wie alle ihre sieben Söhnen auf schrecklichste Weise zu Tode gefoltert werden, weil sie aus Treue zur Thora kein Schweinefleisch essen wollen. Und die detaillierte Beschreibung der Folter endet jeweils mit einem zeugnishaften Hoffnungsbekenntnissen der in den Tod gehenden jungen

15 Vgl. zu dieser Zeit im Überblick: Oswald, Wolfgang / Tilly, Michael: Geschichte Israels. Von den Anfängen bis zum 3. Jahrhundert n. Chr., Darmstadt 2016, S.97-124 und zu den Hintergründen der seleukidischen Politik der Hellenisierung und Religionsverfolgung unter Antiochus IV. Epiphanes die historische Analyse von Bringmann, Klaus: Hellenistische Reform und Religionsverfolgung in Judäa (AAWG.PH 132), Göttingen 1983, bes.120-140.

16 Vgl. zur Entstehung der eschatologischen Hoffnung auf das Jüngste Gericht in der hellenistischen Zeit Kaiser, Otto: Die Theologie des Alten Testaments Teil 3, S.308-317.

Märtyrer. Und so hält einer der Söhne dem Henker Zunge und Hände entgegen

> und sagte tapfer: Diese Glieder sind mir vom Himmel gegeben; darum will ich sie gern gering achten um seiner Gesetze willen; denn ich hoffe, er wird sie mir wiedergeben. (2.Makk 7,11)

Und ein anderer formuliert als letztes Bekenntnis gegenüber seinem Folterer:

> … Das ist ein großer Trost, dass wir auf Gottes Verheißungen trauen: Wenn uns Menschen töten, wird er uns wieder auferwecken. Du aber wirst nicht auferweckt werden zum Leben. (2.Makk 7,14)

Und nachdem sechs ihrer Söhne zu Tode gefoltert wurden, bittet die Mutter ihren letzten und jüngsten Sohn:

> Darum wird der, der die Welt geschaffen und alle Menschen gemacht und das Werden aller Dinge erdacht hat, euch den Odem und das Leben gnädig zurückgeben, weil ihr jetzt um seiner Gesetze willen keinerlei Rücksicht nehmt auf euch selbst. … Ich bitte dich, mein Kind, sieh Himmel und Erde an und betrachte alles, was darin ist, und erkenne: Dies hat Gott alles aus nichts gemacht, und wir Menschen sind auch so gemacht. Darum fürchte dich nicht vor diesem Henker, sondern zeige dich deiner Brüder würdig und nimm den Tod auf dich, damit ich dich zur Zeit des Erbarmens samt deinen Brüdern wiederbekomme (2.Makk 7,23.28f)

Es ist diese Zeit der Verfolgung unter den Seleukiden, in der in Israel die Vorstellung einer Auferweckung der Toten zu neuem Leben entstand, weil die Frage beantwortet werden musste, wie Gott es zulassen kann, dass Menschen aufgrund ihres Glaubens in jungen Jahren sterben müssen. Galt doch bis dahin langes Leben als Segen Gottes und der Tod junger Menschen als Strafe Gottes für Sünde und Schuld.[17]

17 Vgl. Dtn 30,19f; Jes 65,20 und das Urteil Gottes über das Haus Eli in 1.Sam 2,27-34.

Die Hoffnung auf ein neues Leben nach Gottes Gericht über die Bösen, war also die theologische Antwort auf eine konkrete Erfahrung der Glaubensverfolgung. Die Auferweckungshoffnung ermöglichte es, das eigene Leben hinzugeben für das in der Thora geforderte fromme Leben, weil die Güte Gottes auch jenseits des Todes noch Gerechtigkeit schaffen kann und schaffen wird. Dass dieses Leben nach dem Gericht allerdings ein Leben sein wird, das sich in himmlischen Sphären abspielt, findet sich in den Schriften Israels nirgends. Es geht immer um eine sehr diesseitige Erneuerung oder Neuschöpfung des irdischen Leben in dieser Welt.[18] Und auch das in der apokalyptischen Vision von Daniel 7, dem aus dem Himmel herabgekommenen Menschensohn anvertraute ewige Reich, bleibt eine irdische Herrschaft über die Vielfalt der Völker, kein Reich im Jenseits.[19]

18 Die Texte der hellenistischen Zeiten reden bei allen Auferweckungsvorstellungen genau wie die hebräisch geschriebenen Traditionen vor allem von einer Wiederherstellung der menschlichen Körperlichkeit und erhoffen nach dem Tod ein neues und glückliches irdisches Leben, knüpfen also stark an die prophetische Reich-Gottes-Erwartung an. Die zu neuem Leben Erweckten erhalten Anteil an der verheißenen endzeitlichen Vollendung irdischen Lebens. Sie werden nicht in himmlische Sphären entrückt. Eine Aufnahme in den Himmel erfolgt in der hebräischen Bibel nur bei Henoch und Elia, dort aber jeweils als direkte Entrückung zu Gott ohne vorherigen Tod (vgl. Gen 5,24; 2.Kö 2,1-11). Wie sich das alte Israel die Wiedererweckung toter Gebeine zu neuem Leben vorstellte, zeigt die sehr eindrückliche, wenngleich hier noch im übertragenen Sinne für die nationale Erneuerung Israels nach dem Exil gebrauchte Darstellung eines Totenfeldes in Ez 37,1-14, bei dem sich die Skelette durch Gottes Geist neu mit Sehnen, Fleisch und Haut überziehen, bevor sie Gott erneut mit seinem Odem zum Leben erweckt. Vgl. zur sich aus dem Kontext von Ez 36 ergebenden Deutung von Ez 37,1-14 auf eine nachexilische Wiederherstellung Israels als Nation Greenberg, Moshe: Ezechiel 21-37, Freiburg / Basel / Wien 2005 (HThKAT), S.452-477, der auf S.462-464 auch die späteren frühjüdischen und frühchristlichen Deutungen des Textes als Vorschau auf eine endzeitliche allgemeine Totenauferweckung darstellt.

19 Vgl. Dan 7,13f. Vgl. zur erwarteten irdisch-menschlichen Herrschaft des Menschensohns Bauer, Dieter: Das Buch Daniel, Stuttgart 1996 [NSK 22], vgl. S.160: „Im Bild des ‚Menschen‘ kontrastiert er die Gewaltherrschaft im Bild der unmenschlichen ‚Tiere‘. ‚Wie ein Mensch‘ tritt er seine Herrschaft an, wie es Auftrag des Menschen von Anfang an war: ‚als Bild Gottes geschaffen‘ und in seinem Auftrag, nicht aus eigenem Herrschaftsstreben, um die Schöpfung zu behüten, wie es einem guten König zukommt (vgl. Gen 1,26ff). Um ‚menschliche‘ Herrschaft in diesem ganz positiven Sinn geht es den Verfassern des Buches Daniel nämlich zu ihrer Zeit. … Wenn es aber um den ‚wahren Menschen‘ geht, dann wird verständlich, daß für die frühe Christenheit der Weg nicht weit war, Jesus von Nazaret mit dem ‚Menschensohn‘ zu identifizieren.“

2.3 Die frühchristliche Hoffnung auf ein ewiges Leben in Gottes Gegenwart

Die in der Makkabäerzeit entwickelte Hoffnung einer Auferweckung der Toten in Verbindung mit einem Gerechtigkeit schaffenden Gericht Gottes prägt dann auch die Theologie der frühen christlichen Gemeinden. Sie verkündigen nach Ostern den auferstandenen Gekreuzigten als den zum Gericht wiederkommenden Menschensohn. Ja, das ist die zentrale Hoffnung der frühen Christenheit, dass der zur Rechten Gottes erhöhte Herr wiederkommen wird, um die Menschen danach zu richten, ob sie Taten der Barmherzigkeit getan oder verweigert haben.[20] Und selbst Paulus als Kronzeuge einer Rechtfertigung allein aus Glauben lehrt das bevorstehende Gericht:

> Denn wir müssen alle offenbar werden vor dem Richterstuhl Christi, auf dass ein jeder empfange nach dem, was er getan hat im Leib, es sei gut oder böse. (2.Kor 5,10)

Aber dennoch gibt es für Paulus eine Heilsgewissheit, da im Gericht des gnädigen Herrn nur die schlechten Werke verbrannt werden, während die Glaubenden „wie durch Feuer hindurch" gerettet werden.[21] Das Gericht des wiederkommenden Herrn wird also ein läuterndes Feuer sein, bei dem nur das aus dem gelebten Leben bestehen bleiben wird, was dem Willen Gottes entsprach. Die Teilhabe an der ewigen Gegenwart Gottes aber kann nicht mit guten Werken verdient werden. Sie ist nicht abhängig von menschlichen Leistungen, sondern Geschenk der göttlichen Gnade.[22]

20 Besonders deutlich im Gleichnis vom Weltgericht in Mt 25,31-46, aber auch in anderen neutestamentlichen Traditionen, die in Anknüpfung an apokalyptisches Gedankengut aus Dan 7 und der zwischentestamentlichen Zeit (z.B: äthHen 45f; 71und 4.Esra 13) Christus mit dem endzeitlichen Menschensohn identifizieren: Mk 8,38; 13,26; 14,62; Mt 10,23; Lk 17,22-37; Apg 7,55f. Vgl. zu den neutestamentlichen Vorstellungen vom Jüngsten Gericht Hahn, Ferdinand: Theologie des Neuen Testaments, Band II, Tübingen [2]2005, S.782-789.

21 Vgl. 1.Kor 3,9-15.

22 Diese Grundspannung zwischen der Heilsgewissheit aufgrund des Glaubens und der gleichzeitigen Erwartung einer gerichtsmäßigen Offenlegung all dessen, was im Leben eines Menschen der Gnade Gottes entsprach oder widersprach, auszu-

Welche Vorstellungen aber hat Paulus von dieser ewigen Herrlichkeit in Gottes Reich? Darüber sind wir insofern gut informiert, weil in der von ihm gegründeten Korinther Gemeinde offenbar die Auferstehung der Verstorbenen zumindest von einem Teil der Christusgläubigen abgelehnt wurde.[23] Paulus bringt in seinem berühmten 15. Kapitel des 1.Korintherbriefes zum Ausdruck, dass auch die neue Existenz nach der Auferweckung einen Leib voraussetzt, wenn dieser auch andere Eigenschaften haben wird als der irdische Leib. Um die Identität in der Auferstehung zu wahren, verwendet Paulus das Bild vom ausgesäten Korn, das sterben muss, um dann von Gott einen neuen Leib zu erhalten, der aber dennoch zur gleichen Art gehört.[24] Und für die Unterschiede in der Leiblichkeit zwischen irdisch-natürlichem und geistlich-himmlischem Leib verwendet er eine ganze Reihe von Gegensatzpaaren:

> So auch die Auferstehung der Toten. Es wird gesät verweslich und wird auferstehen unverweslich. Es wird gesät in Niedrigkeit und wird auferstehen in Herrlichkeit. Es wird gesät in Schwachheit und wird auferstehen in Kraft. Es wird gesät ein natürlicher Leib und wird auferstehen ein geistlicher Leib. Gibt es einen natürlichen Leib, dann gibt es auch einen geistlichen Leib. (1.Kor 15,42-44)

Deshalb werden auch diejenigen, die die Wiederkunft Jesu noch zu ihren Lebzeiten erleben und durch die letzte Posaune zum Jüngsten

halten und zusammenzudenken, kennzeichnet eine dem biblischen Zeugnis gemäße Redeweise vom Gericht Gottes über die Werke. Vgl. dazu: Dziewas, Ralf: Der Pastor als Diakon – zur theologischen Begründung des diakonischen Auftrags im pastoralen Dienst, in: Rohde, Michael (Hg.): Pastor und Gemeinde. Freikirchliche Perspektiven auf dem Weg zu einem Leitbild, Kassel 2009 [Beiheft zum Theologischen Gespräch 11], S.75-98, bes. S.85-89.

23 Vgl. 1.Kor 15,12. Ohne diese Annahme müsste Paulus in 1.Kor 15 überhaupt nicht so ausführlich das Ob der Auferstehung thematisieren (V.1-34), anschließend noch das Wie einer leiblichen Auferstehung begründen (V.35-49), um dann am Ende auch noch die Verwandlung derer zu beschreiben, die noch zu Lebzeiten durch die letzte Posaune zum Gericht gerufen werden, sowie den endgültigen Sieg über den Tod (V.50-58). Zur Gliederung des 15.Kapitel im Korintherbrief und seiner Bedeutung in der Theologie des Paulus vgl. Schrage, Wolfgang: Der erste Brief an die Korinther, 4.Teilband: 1Kor 15,1-16,24, Düsseldorf / Neukirchen-Vluyn 2001 [EKK VII/4], S.7-9.

24 Vgl. 1.Kor 15,36-39.

Gericht gerufen werden, eine Verwandlung ihrer Leiber erleben, bei der das Vergängliche Unvergänglichkeit anziehen muss, wie ein neues Kleid.[25]

Wenn Paulus in diesem Kontext den für die Auferstandenen vorgesehenen pneumatischen, geistlichen Leib des kommenden Lebens mit dem irdischen Leib der gegenwärtigen Wirklichkeit vergleicht, dann muss man sich dabei bewusst machen, dass für Paulus das Leben im Geist immer dadurch gekennzeichnet ist, dass es ein vom Geist Gottes geleitetes, Gott wohlgefälliges Leben ist. Insofern hat Paulus auch dort, wo er in 1.Kor 15 vom geistlichen oder himmlischen Leib der Auferweckten beschreibt, kein jenseitiges, geisterhaftes Schweben in himmlischen Sphären vor Augen, sondern konkrete leibhafte Menschen, die mit ihrer ganzen, auch körperlichen Existenz nun so wie die himmlischen Wesen ganz von Gottes Geist durchdrungen und geprägt sind und nur noch nach dem Willen Gottes leben.[26] Die Existenz der Auferstandenen ist also nicht eine Existenz im Himmel, sondern

25 Vgl. 1.Kor.15,53f.

26 Dies ergibt sich aus den parallelen Argumentationsgängen in Röm 8,1-17 und Röm 6,1-23. Auch wenn Paulus in 1.Kor 15 bei der Unterscheidung der Leiber nicht die für Röm 8 verwendete Sarx-Pneuma-Dualität zwischen „Leben nach dem Fleisch“ und „Leben nach dem Geist“ verwendet, sondern die Unterscheidung von „natürlichem“ und „geistlichem Leib“, so setzen doch beide Gedankengänge bei der Auferstehungsthematik an und sind von der gleichen Gegenüberstellung geprägt, dass auf der Seite des „natürlichen“ bzw. „fleischlichen“ Seins die Sünde und der Tod stehen und auf der Seite des „geistlichen“ Seins ein Leben nach Gottes Willen und die Auferweckung zum ewigen Leben. Ebenso findet sich in Röm 6,1-23 unter Aufnahme der Auferstehungsthematik die vergleichbare Gegenüberstellung, dass die in der Taufe mit Christus Begrabenen der Sünde gestorben sind, um nun für Gott zu leben und ihre Glieder dem Dienst der Gerechtigkeit hinzugeben. Insofern sollte man auch in 1.Kor 15 den „geistlichen“ Leib nicht mit einer geisterhaft transzendenten Seinsweise verbinden, sondern mit einer gottwohlgefälligen, weil allein von Gottes Geist bestimmten Form des Lebens. Vgl. Mühling, Markus: Grundinformation Eschatologie. Systematische Theologie aus der Perspektive der Hoffnung, Göttingen 2007, S.245f, der diese Erkenntnis so formuliert: „Auch die Geistigkeit des Leibes kann bestimmt werden. Damit ist nicht gemeint, dass der Auferstehungsleib irgendwie dünnflüssiger, durchsichtiger, glänzender oder unkörperlicher als der fleischliche Leib wäre (wenn auch der Hinweis auf die *doxa* [d.h. Glanz, Herrlichkeit] in 1.Kor 15,40f diesen Schluss erlaubt). Ein fleischlicher Leib ist vielmehr nach Paulus ein Leib, der von welthaften Beziehungen total bestimmt ist, und ein geistlicher Leib ist ein Leib, der ganz vom Handeln der Person des Heiligen Geistes bestimmt ist.“

eine dem Himmel gemäße, unvergängliche, unsterbliche, herrliche Existenz, weil sie eine mit Gottes Liebe, Güte und Gnade übereinstimmende Lebensweise ist.[27] Der Mensch, der seit der Schöpfung das Ebenbild Gottes sein sollte, dieser Aufgabe aber nicht gerecht wurde, wird nach der Auferstehung nach dem Bild des himmlischen Menschen Christus gestaltet werden[28] und dann nur noch ein von Gottes Geist bestimmtes Leben führen.

Was auch den engagiertesten und frömmsten Christenmenschen zu Lebzeiten eben nur sehr ansatzweise gelingt, nämlich ein Leben nach Gottes gutem Willen, das wird nach der Auferweckung der Toten und dem läuternden Gericht ihre neue Existenzform sein. Wenn alle bösen Taten und Sünden verbrannt sind, werden alle Auferweckten genau das friedvolle und heilsame Miteinander leben dürfen, das schon die alttestamentlichen Prophetentexte als Ziel der Menschheitsgeschichte ihren Leserinnen und Lesern ausgemalt haben.

Erst Jahrzehnte nach den paulinischen Briefen entstehen die vier Evangelien, die für die zweite und dritte christliche Generation das

27 Etwas anders äußert sich Paulus dazu nur in seinem frühesten Brief, der noch sehr stark von einer enthusiastischen Naherwartung der Wiederkunft des Herrn geprägt ist und die Vorstellung enthält, die dann noch Lebenden – zu denen sich auch Paulus selbst rechnet – würden dann gemeinsam mit den Auferstandenen „entrückt werden auf den Wolken, dem Herrn entgegen in die Luft. Und so werden wir beim Herrn sein allezeit." (1.Thess 4,17) Dabei handelt es sich aber wohl um Formulierungen, die Paulus aus einer jüdisch-apokalyptischen Tradition zitiert, um die Thessalonicher zu trösten, nicht um typisch paulinische Vorstellungen von der Existenzweise der Auferstandenen. Vgl. dazu die Argumente bei Holtz, Traugott: Der erste Brief an die Thessalonicher, 2., durchgesehene Auflage Zürich / Braunschweig / Neukirchen-Vluyn 1990, S.198-205. Aber ohnehin ist auch in dieser zitierten Tradition die Vorstellung nicht die, dass die bei der Wiederkunft des Herrn noch Lebenden mit den Auferstandenen in den Himmel entschwinden, sondern dass sie ihrem auf die Erde herabkommenden Herrn entgegengehen, um ihn gebührend zu empfangen. „Denn die Vorstellung ist klar die, daß der Kyrios vom Himmel herabfährt, die Entrückten ihm entgegen, natürlich nicht zu einem Treffpunkt oder um ihn gar aufzuhalten, sondern um ihn auf seinem Weg vom Himmel herab abzuholen. Dann aber darf der Näherbestimmung ‚in der Luft' … keine weittragende Bedeutung zugemessen werden. Denn keinesfalls ist die Luft als der bleibende Aufenthaltsort des Herrn und der Seinen nach ihrer Vereinigung gedacht. Sie füllt vielmehr den Raum zwischen dem Himmel, von dem der Kyrios kommt, und der Erde, zu der er fährt; in ihm wird er von den Seinen empfangen." (S.203)

28 Vgl. 1.Kor 15,49.

Leben und Wirken Jesu sowie sein Leiden, Sterben und Auferstehen erzählen und deuten. Sie schildern Jesus als den in die Welt gesandten Sohn Gottes, der auf vollmächtige Weise das Reich Gottes verkündigte und in dessen Nähe die Gegenwart der Herrschaft Gottes erlebbar war.[29] Wo Jesus diakonisch handelte, also die Kranken heilte, die Besessenen befreite und mit den Ausgegrenzten feierte, da konnten Menschen erleben, was es bedeuten würde, in Gottes Reich und nach seinem Willen zu leben.[30] Wo er in eindrucksvollen Bildern und Geschichten den Menschen die Güte und Gnade Gottes erlebbar vor Augen malte und sie ermutigte, den großen Gott liebevoll Vater zu nennen und im Vertrauen auf seine Güte zu leben,[31] da war die von den Propheten verheißene Zukunft auf einmal so gegenwärtig, dass sich die Frage nach dem Kommen des Reiches Gottes geradezu erübrigen konnte.[32]

Und so schreibt Lukas im 17. Kapitel seines Evangeliums:

> Als er aber von den Pharisäern gefragt wurde: Wann kommt das Reich Gottes?, antwortete er ihnen und sprach: Das Reich Gottes kommt nicht mit äußeren Zeichen; man wird auch nicht sagen: Siehe, hier!, oder: Da! Denn sehet, das Reich Gottes ist mitten unter euch. (Lk 17,20-21)

29 Vgl. Jesu sehr kurze Auslegung der messianischen Reich-Gottes-Verheißung aus Jes 61 in Lk 4,21: „Heute ist dieses Wort der Schrift erfüllt vor euren Ohren."

30 Die Verknüpfung von Reich-Gottes-Predigt und Heilungen findet sich häufig in den Evangelien, z.B. in der Zusammenfassung seines Wirkens bei Mt 4,23f und Lk 8,1, aber auch in der Aussendung der Jünger in Lk 9,2. Die erfolgreichen Exorzismen Jesu sind geradezu ein Beweis der Gegenwart des Reiches Gottes, z.B. in Mt 12,28. Außerdem ist die provokante Aufnahme von Zöllnern und Sündern in seine Gemeinschaft typisch für Jesu Darstellung der Gnade Gottes, so z.B. in Mt 9,9-13, und das gemeinsame Feiern mit den zu Gott umkehrenden Sündern und den sozial Bedürftigen ein zentrales Element der Reich-Gottes-Predigt Jesu, z.B. in Lk 14,15-24 und 15,21-24.

31 Vgl. Lk 11,1-13.

32 Vgl. zur zentralen Bedeutung der Reich-Gottes-Thematik in Predigt und Wirken Jesu Böttigheimer, Christoph: Die „βασιλεία τοῦ θεοῦ" und die Eschatologie Jesu, in: Böttigheimer, Christoph / Dziewas, Ralf / Hailer, Martin (Hg.): Was dürfen wir hoffen? Eschatologie in ökumenischer Verantwortung, Leipzig 2014 [Beihefte zur Ökumenischen Rundschau 94; Veröffentlichungen des Interkonfessionellen Theologischen Arbeitskreises 4] S.69-93.

Alle vier Evangelien sind durch und durch aus einer nachösterlichen Erzählperspektive geschrieben, und so wird auch in ihnen deutlich, was Paulus in seinen Briefen eher theoretisch reflektiert hatte: Jesus von Nazareth war nicht nur ein glaubwürdiger Reich-Gottes-Prediger, sondern er ist der durch die Auferweckung ultimativ bestätigte Repräsentant des guten Willens Gottes. Er war damit auch derjenigen, dem daher das von Gott her zu erwartende Gericht anvertraut werden konnte.[33] Aber während in den Briefen des Paulus eher die individuellen Fragen der Eschatologie behandelt werden, binden die Evangelien die Auferstehungshoffnung wieder zurück an die universale Reich-Gottes-Erwartung Israels. Der, der das verheißene Reich Gottes verkündigte und zugleich erfahrbar machte, ist als der erste Auferstandene auch derjenige, der am Ende kommen wird, um das bereits angebrochene Reich Gottes zu vollenden.[34]

Am Ende aber schließt die Bibel mit der Apokalypse des Johannes und mit dem Bild des himmlischen Jerusalems.[35] Aber dieses himmlische Jerusalem bleibt nicht im Himmel, sondern es kommt auf die Erde herab,[36] beschrieben als wunderbare Stadt voller Gold und Edelsteine, aber vor allem als Ort, in dem Gottes Gegenwart das Zusammenleben der Menschen bestimmt und in der die Tore offenstehen, weil verschlossene Tore ein Zeichen der Angst und des Krieges wären.[37] Wenn Gottes Gegenwart am Ende alle Bedürfnisse der Menschen auf ein glückliches Leben erfüllt, wenn Tod und Tränen keinen Platz mehr haben, dann stehen die Tore für alle Völker offen, denn

33 Vgl. Joh 9, wo aus der Heilung des Blindgeborenen sowohl verdeutlicht wird, dass Jesus das Licht der Welt ist, dass er in Gottes Auftrag handelt, als auch, dass er als der Menschensohn zum endzeitlichen Gericht kommen wird.

34 Entsprechend hat die frühe Christenheit auch die messianischen Verheißungen in den Reich-Gottes-Texten der Propheten konsequent auf Christus bezogen. Vgl. das direkte Zitat von Jes 11,10 in Röm 15,12 und von Jes 42,1-4 in Mt 12,18-21. Ebenso wird in Mt 21,5 und Joh 12,15 ein Vers aus der endzeitlichen Heilsverheißung Sach 9,9f verwendet, um einen Schriftbeweis für die Identifikation Jesu mit dem verheißenen Friedenskönig zu führen.

35 Vgl. Offb 21,1-22,5.

36 Vgl. Offb 21,2.

37 Das Bild der offenen Tore für das endzeitliche, friedliche Jerusalem findet sich auch bereits in Jes 60,11, einem prophetischen Heilstext über die endzeitliche Völkerwallfahrt zum Zion.

dann ist das Reich Gottes vollendet. Dann hat in dieser Welt der Frieden einen Platz gefunden, den niemand mehr in Frage stellen kann. Dann wird der gute Wille Gottes mit dieser Welt auf ewig an sein Ziel gekommen sein und Gott unter den Menschen wohnen.

Dieser kleine Durchgang durch die Hoffnungstheologie der biblischen Schriften hat – so hoffe ich – bereits deutlich gemacht, dass die Gegenüberstellung einer Hoffnung auf die himmlische Herrlichkeit einerseits und eine diesseitige Reich-Gottes-Erwartung auf der anderen Seite nicht biblisch wäre. Es gibt vielmehr eine gemeinsame Linie der Hoffnung, die von der universalen Reich-Gottes-Erwartung der Prophetentexte über die Erwartung eines Jüngsten Gerichts und einer individuellen Auferstehungshoffnung hin zur noch ausstehenden Vollendung des Reiches Gottes am Ende aller Zeiten reicht.

Was aber allen biblischen Hoffnungstexten gemeinsam ist, ist ihr unaufgebbarer Bezug zum Diesseits und zu dieser Welt, in der wir leben. Den Geschöpfen dieser Welt gilt die Liebe Gottes. In diese Welt voll Sünde und Schuld hinein sendet der barmherzige Gott seinen Sohn, um genau diese Welt zu erlösen, und in diese Welt hinein wird er den auferweckten Gekreuzigten zurücksenden, um Gericht zu halten. Und in dieser Welt wird er sein verheißenes Reich des Friedens und der Gerechtigkeit vollenden.

Es ist also nicht so, dass die Auferstehungshoffnung der zentrale Fokus der biblischen Hoffnungsbotschaft wäre, sondern die Reich-Gottes-Erwartung ist der eigentliche Kern christlicher Hoffnung. Vom Anfang bis zum Ende der Bibel geht es um die universale Reich-Gottes-Hoffnung für diese Welt. Und erst aus dieser Reich-Gottes-Erwartung heraus kommt es dann auch zur Vorstellung einer individuellen Auferweckung zu einem neuen ewigen Leben in diesem Reich Gottes. Die individuelle Eschatologie der Auferstehungshoffnung verheißt den zum ewigen Leben Auferweckten nichts anderes als den ewigen Frieden in Gottes Reich auf Erden.

3. Das Reich Gottes als im Diesseits bereits erlebbare Herrschaft Gottes[38]

Wenn die frühe Christenheit Jesus in den neutestamentlichen Texten als den Friedenskönig darstellt, der das Reich Gottes durch seine Predigt und sein Handeln erlebbar gemacht hat und es am Ende vollenden wird, dann ist die Gemeinschaft derer, die ihm nachfolgt, in gleicher Weise herausgefordert, das Reich Gottes zu predigen, und durch das Zeugnis eines glaubwürdigen Handelns zu verkündigen.[39]

Jesus verkündigte das Reich Gottes, indem er in Gleichnissen und Bildern vom Reich Gottes sprach und seine Zuhörer dafür begeisterte, sich mit ihrem ganzen Leben auf den guten Willen Gottes einzulassen. Wenn er davon erzählte, wie der gute Hirte 99 Tiere in der Wüste zurücklässt, um sich auf die Suche nach dem einen verlorenen Schaf zu machen[40], dann war das ein für die damalige Zeit eindrückliches und verständliches Bild für die theologische Aussage, dass ein gütiger und barmherziger Gott niemanden aus den Augen verliert. Als Jesus diese Geschichte erzählte, haben sich seine Zuhörerinnen und Zuhörer angenommen und von Gott geliebt gefühlt. In Jesu Predigt war die gütige Herrschaft Gottes in der Zuhörerschaft erfahrbar und eröffnete diese Erfahrung zugleich die Perspektive für ein neues, auf die Zukunft gerichtetes Vertrauen auf Gott. Dementsprechend besteht die zentrale Herausforderung der Verkündigung auch heute noch darin, immer so zu predigen, dass wir nicht nur über Gottes Liebe predigen, sondern unsere Predigt selbst ein Akt der liebevollen Zuwendung zu unseren Hörerinnen und Hörern wird.

38 Das Folgende nimmt zum Teil Gedanken und Formulierungen aus einem Vortrag vor dem gemeinsamen Konventstreffen der Pastorinnen und Pastoren sowie der Diakoninnen und Diakone des BEFG aus dem Jahr 2015 auf. Dieser Vortrag ist abgedruckt in Dziewsas, Ralf: Das Reich Gottes – Arbeitsauftrag oder Jenseitshoffnung? Die Bedeutung der Reich-Gottes-Theologie für die Sozialethik, in: Rohde, Michael (Hg.): „Nur noch kurz die Welt retten…", Kassel 2015 [ThGespr. Beiheft 13], S.3-32.

39 Vgl. die Formulierung in der Aussendungsrede Jesu in Mt 10,7f: „Geht aber und predigt und sprecht: Das Himmelreich ist nahe herbeigekommen. Macht Kranke gesund, weckt Tote auf, macht Aussätzige rein, treibt Dämonen aus."

40 Vgl. Lk 15,3-7.

Einladend, einfühlsam, tröstend und den Verlorenen liebevoll zugewandt zu predigen, das ist die Verkündigungsform, die der Reich-Gottes-Botschaft entspricht.

Aber Jesus hat die Hoffnung auf das Reich Gottes auch durch sein diakonisch-helfendes Handeln den Menschen seiner Zeit gegenwärtig gemacht. Wenn er Menschen geheilt und aus bedrückenden Bindungen befreit hat, wurde die Güte Gottes leibhaftig erfahrbar. Dabei erhielten nicht nur die Geheilten neue Lebensperspektiven, sondern auch alle Umstehenden, die miterleben durften, wie andere aufgerichtet und entlastet wurden. Wenn die Blinden sehend wurden und die Lahmen wieder vor Freude Luftsprünge machten, dann war auch die Botschaft vom kommenden Heil und vom bereits angebrochenen Reich Gottes eine realistische Sicht für die Zukunft. In vergleichbarer Weise in der Gegenwart für die Reich-Gottes-Hoffnung einzutreten, bedeutet daher, konkret diakonisch zu handeln und Gemeinden dazu zu befähigen, glaubwürdige Tatzeugen der Liebe Gottes zu werden. Wer von der Hoffnung reden will, muss auch in seinem Handeln zeigen, dass es keine hoffnungslosen Fälle gibt, und dass eine hoffnungsfroh glaubende Gemeinde sich auch vom größten Elend und Leid nicht entmutigen lässt, mit den Betroffenen konkrete Schritte zu Heil und Heilung zu wagen.

Und weil Jesus nicht wählerisch war, mit wem er feierte, und durch seinen fröhlichen Umgang mit den Zöllnern und Sündern bewusst den Vorwurf riskierte, er sei ein „Fresser und Weinsäufer und ein Freund der Zöllner und Sünder“[41], dann geschah dies als symbolische Vorwegnahmen der endzeitlichen Mahlgemeinschaft in Gottes Reich. Indem er auch mit den Ausgegrenzten feierte, eröffnete er gerade diesen Personen die Erfahrung, angenommen, eingeladen und Teil der Gemeinschaft sein zu dürfen. Eine unbeschwerte Kultur des Miteinanderfeierns und des Fröhlich-sein-Dürfens, eine gelebte Gemeinschaft nicht nur im Gottesdienst, sondern auch beim Kirchenkaffee, in offenen Kreisen und bei den örtlichen Gemeinde- und Stadtfesten könnten auch heute noch Lebensbeispiele für das verheißene Reich Gottes sein. Voraussetzung dafür aber ist, dass sich das Miteinanderfeiern

41 Vgl. Mt.11,19 und Lk 7,34.

nicht auf die Kerngemeinde beschränkt, sondern bedingungslos für alle Menschen offen ist, die ein solches Miteinander brauchen oder sich danach sehnen.

Von daher lässt sich folgendes Verständnis einer gelebten christlichen Reich-Gottes-Hoffnung formulieren:

Die mit Jesus angebrochene Gegenwart des Reiches Gottes kann heute noch dort erlebt werden, wo der gute Wille Gottes in dieser Welt in Bildern und Geschichten des Friedens verkündigt, in Taten der Barmherzigkeit vollzogen und in einer offenen Gemeinschaft mit allen gefeiert wird. Denn in all diesem Handeln wird die Gnade Gottes in ihrer befreienden Wirkung erfahren und so die Hoffnung gestärkt, dass sich die Güte Gottes in dieser Welt am Ende durchsetzen wird.

Eine an den biblischen Texten orientierte christliche Hoffnung wird immer von diesem „schon“ und dem „noch nicht“ der Reich-Gottes-Erwartung geprägt sein. Wo im menschlichen Miteinander der gute Wille Gottes kommuniziert und gnädige Annahme, Heilung und Befreiung erlebt wird, kann gegen alle negativen Erfahrungen die Herrschaft Gottes in der Welt erwartet und die Hoffnung auf die Vollendung des Reiches Gottes weitergetragen werden. Diese Hoffnung ist in den alttestamentlichen Texten gegründet, in den neutestamentlichen Texten von Jesu Reich-Gottes-Handeln bestätigt und in der Theologie der frühchristlichen Gemeinden weitergedacht und ausformuliert worden. Insofern wird auch heute noch überall dort, wo Menschen ein Miteinander zu gestalten versuchen, das dem Willen Gottes antwortend entspricht, auch die Hoffnung auf das Reich Gottes gestärkt und weitergetragen.[42]

Was aber bedeutet das für die Vielzahl der globalen ethischen Herausforderungen, vor denen die Menschheit heute steht? Eines jedenfalls ist in der bisherigen Beschreibung einer Verbindung von Auferstehungs- und Reich-Gottes-Hoffnung noch nicht thematisiert

42 Was dies konkret für den Kontext des pastoralen Dienstes bedeuten kann, dazu vgl. Dziewas, Ralf: Der Pastor als Diakon – zur theologischen Begründung des diakonischen Auftrags im pastoralen Dienst, in: Rohde, Michael (Hg.): Pastor und Gemeinde. Freikirchliche Perspektiven auf dem Weg zu einem Leitbild, Kassel 2009 [Beiheft zum Theologischen Gespräch 11], S.75-98.

worden, nämlich dass die Hoffnung auf das Reich Gottes nicht nur eine Hoffnung für uns Menschen ist. Sie ist eine Hoffnung für die gesamte Schöpfung, und unser Part als Menschheit in dieser Schöpfung ist nicht denkbar ohne ein erlöstes und friedvolles Miteinander mit unseren Mitgeschöpfen.

4. Das Reich Gottes als versöhnte Gemeinschaft der Geschöpfe

Wir Menschen sind nicht allein auf diesem Planeten, sondern wir leben eingebettet in eine Flora und Fauna, die gemeinsam mit uns geschaffen wurde. Das „seid fruchtbar und mehret euch" des Schöpfungshymnus aus Gen 1 wird zuerst den Tieren zugesprochen, und erst dann auch den Menschen.[43] Und bevor Gott im zweiten Schöpfungstext in Gen 2 dem einsamen Erdling durch die Teilung in Mann und Frau ein menschliches Gegenüber erweckt, erschafft er für ihn erst einmal die Vielfalt der Tiere für das Miteinander im Garten Eden.[44] Gott will offenbar eine Beziehung zwischen Mensch und Tier, denn er führt dem Menschen die Tiere zu, damit er ihnen ihre Namen gibt.[45]

Das Schöpfungsverständnis der hebräischen Bibel geht sogar noch einen entscheidenden Schritt weiter. Demnach hat nämlich nicht nur der Mensch, sondern die gesamte atmende Tierwelt ihren Lebensodem von Gott her erhalten, und damit gibt es auch hinsichtlich ihrer Geschöpflichkeit und ihrer Endlichkeit keinen Unterschied zwischen den Menschen und den Tieren. Und so kann in der hebräischen Bibel

43 Vgl. Gen 1,22.28.
44 Vgl. Gen 2,18-20.
45 Zu den möglichen Deutungen dieses Vollzugs der Namensgebung vgl. Fischer, Georg: Genesis 1-11, Freiburg / Basel / Wien [HThKAT], S.208, der darauf hinweist, dass hier der Mensch das tut, was in Gen 1,5.8.10 Gott selbst tat, nämlich dem Geschaffenen einen Namen zu geben. „Der Mensch tritt so in Gottes ‚Fußstapfen'." (ebd.) Auch das wäre somit, sieht man die beiden Schöpfungserzählungen im heutigen biblischen Zusammenhang, ein Vollzug der Gottebenbildlichkeit des Menschen, Gottes Werk einer guten Ordnung des Geschaffenen weiterzuführen.

das Buch Kohelet die Sonderstellung des Menschen in der Schöpfung sogar ganz grundsätzlich in Frage stellen:[46]

> … Es geschieht wegen der Menschenkinder, damit Gott sie prüfe und sie sehen, dass sie selber sind wie das Vieh. Denn es geht dem Menschen wie dem Vieh: Wie dies stirbt, so stirbt auch er, und sie haben alle einen Odem, und der Mensch hat nichts voraus vor dem Vieh; denn es ist alles eitel. … Wer weiß, ob der Odem der Menschen aufwärtsfahre und der Odem des Viehes hinab unter die Erde fahre? (Koh 3,18f.21)

Diese Schöpfungsgemeinschaft von Mensch und Tier wird auch nicht dadurch aufgehoben, dass die Menschheit einen Herrschaftsauftrag über die Tierwelt erhalten hat.[47] Die Herrschaft als Ebenbilder Gottes, also in Stellvertretung des Schöpfers, kann nach allgemeinem alttestamentlichen Verständnis von Herrschaft nur bedeuten, dass der Mensch als zentraler Repräsentant der Güte und Barmherzigkeit Gottes in

46 Ludger Schwienhorst-Schönberger spricht diesbezüglich von der „Tierebenbürtigkeit“ des Menschen. Vgl. Schwienhorst-Schönberger, Ludger: Kohelet, Freiburg / Basel / Wien [HThKAT], S.282-286.

47 Zur Bedeutung der Gottebenbildlichkeit des Menschen nach Gen 1,26-28 im ursprünglichen Kontext der priesterschriftlichen Tradition vgl. Janowski, Bernd: Die lebendige Statue Gottes. Zur Anthropologie der priesterlichen Urgeschichte, in: Witte, Markus (Hg.): Gott und Mensch im Dialog. Festschrift für Otto Kaiser zum 80. Geburtstag, Band II, Berlin / New York 2004 [BZAW 345/II], S.183-214, der zu dem Schluss kommt S.210: „Das also ist die Botschaft der priesterlichen Urgeschichte … an das nachexilische Israel, es nicht bei bestehenden Gewaltverhältnissen zu belassen – die nun einmal nicht schönzureden sind –, sondern den Menschen an seine Herkunft zu erinnern: daß er zwar als ‚Bild/Statue‘ Gottes zur Herrschaft beauftragt, aber als Geschöpf inmitten der anderen Geschöpfe Gottes erschaffen ist.“. Für das Verhältnis der Menschen zu den Tieren waren aber vor allem diejenigen Deutungen der Gottebenbildlichkeit des Menschen verhängnisvoll, die nicht die Stellvertreterfunktion des Menschen für die schöpferische und das Gute hervorbringende Güte Gottes betonten, sondern die bedingungslose Unterwerfung der Tiere unter die unbeschränkte Herrschaft des Menschen. Dabei ist das Miteinander der Geschöpfe in der priesterschriftlichen Schöpfungstradition inklusive der vegetarischen Ernährungsweise zugleich als Beschreibung des Ursprungs und des Ziels der menschlichen Bestimmung gedacht, also Herkunftsangabe und Utopie zugleich. Vgl. Ebach, Jürgen: Bild Gottes und Schrecken der Tiere, in: ders., Ursprung und Ziel, Neukirchen-Vluyn 1986, S.16-47.

dessen Schöpfung für Recht und Gerechtigkeit zu sorgen hat.[48] Eine solche Herrschaft bedeutet z.B., dass alle Nutztiere einen Anspruch auf eine gerechte und ausreichende Versorgung durch den Menschen haben.[49] Und deshalb ist es auch Aufgabe des Menschen, sicherzustellen, dass die das Reich Gottes vorwegnehmende Sabbatruhe nicht nur den Menschen, sondern auch den Tieren zugute kommt.[50]

Aber die Gottebenbildlichkeit ist nicht dazu da, dass sich der Mensch darauf etwas einbilden könnte. Gott kann in der Bibel auch Tiere dafür einsetzen, um seinen Willen zu bekunden und durchzusetzen.[51] So kann eine Eselin den Engel Gottes erkennen, der dem doch eigentlich auf den Willen Gottes spezialisierten Propheten Bileam verborgen bleibt.[52] Elija wird von Raben am Bach Krit versorgt,[53] und der große Fisch führt treu den Auftrag Gottes aus, Jona Richtung Ninive zu befördern, während der ängstliche Prophet lieber in die entgegengesetzte Richtung fliehen möchte.[54] Und selbst der Wurm am Ende der Jonageschichte tut, was Gott von ihm will, wenn er gehorsam die Wurzel des Rizinusstrauchs wegfrisst, damit Gott dem ungnädigen Propheten eine Lektion in Gnade und Barmherzigkeit erteilen kann.[55] Und dass die Ameise in ihrem Fleiß in der Weisheitsliteratur

48 So fordert die Theologie der Königspsalmen z.B. in Ps 72 von den im Auftrag Jahwes regierenden Königen eine Gerechtigkeit schaffende Herrschaftsweise, die den Armen zu ihrem Recht verhilft, Frieden schafft und die Gebeugten und Schwachen beschützt und von Unterdrückung und Gewalttat befreit. Und ein solcher, Gerechtigkeit schaffender Herrscher ist ein guter Repräsentant der Herrschaft Jahwes und kann daher in Ps 2 sogar als „Sohn Gottes" tituliert werden, ohne jedoch deshalb wie im alten Ägypten selbst vergöttlicht zu werden. Vielmehr sollen die Könige Israels herrschen wie Söhne Gottes, also nicht nach eigenem Gutdünken, sondern gemäß dem Willen des Vaters, an den nach altisraelitischer Vorstellung jeder Sohn stets gebunden bleibt, solange der Vater noch lebt. Zu einer solchen, an die Gerechtigkeit und Barmherzigkeit Gottes gebundenen Herrscherfunktion in den Königspsalmen Israels vgl. Dziewas: Reich Gottes, S.11-13.

49 Vgl. Dtn 25,4.

50 Vgl. Dtn 5,14.

51 Vgl. zur biblischen Darstellung der vielfältigen Tierwelt und ihrer theologischen Stellung im Verhältnis zu den Menschen und in ihrer Beziehung zu Gott: Riede, Peter: Art. Tier, in: Das Wissenschaftliche Bibellexikon im Internet (www.wibilex.de) 2010.

52 Vgl. Num 22,21-33.

53 Vgl. 1.Kö 17,6.

54 Vgl. Jona 2,1-10.

55 Vgl. Jona 4,7.

dem Faulen als Beispiel dienen kann, ist ja ein bis heute geläufiges biblisches Sprichwort.[56]

Schaut man auf die aus Gottes Perspektive heraus formulierten Prophetensprüche der hebräischen Bibel, dann kann Gott selbst sogar sein eigenes Handeln mit Bildern aus der Tierwelt beschreiben. Seine Fürsorge gleicht einer Henne, die ihren Küken Geborgenheit bietet,[57] oder einem Adler, der seinen Jungen das Fliegen beibringt.[58] Auf der anderen Seite gleicht sein Zorn einem Löwen, der Schafe vor sich hertreibt.[59]

Interessanterweise findet sich eine vergleichbare Hochschätzung der Tierwelt auch in Jesu Reich-Gottes-Verkündigung. Die Vögel am Himmel werden angesichts ihres Vertrauens auf Gottes Versorgung in seiner Bergpredigt den Menschen als Vorbild genannt[60] und das wiedergefundene Schaf steht stellvertretend für die verloren gegangene, aber von Gott zurückgeholte Menschheit.[61] Zudem kann Jesus sein helfendes Handeln am Sabbat mit einem in den Brunnen gefallenen Rind begründen, dem man schließlich auch unverzüglich helfen müsse,[62] und die Güte Gottes für den Menschen veranschaulicht er damit, dass Gott schließlich die gleiche Fürsorge auch jedem einzelnen Sperling zukommen lasse.[63]

Ja, die Tiere können im Neuen Testament geradezu zu Symbolen der göttlichen Wirklichkeit werden. So begegnet in allen Evangelien der Heilige Geist bei der Taufe Jesu in der Gestalt einer Taube[64] und das geschlachtete Lamm wird in den johanneischen Traditionen zum Sinnbild für den gekreuzigten Christus.[65]

Doch wie die Menschen in dieser, von der Sünde geprägten Welt unter Krieg und Ungerechtigkeit leiden, so erleben auch die Tiere

56 Vgl. Spr 6,6.
57 Vgl. Jes 31,5.
58 Vgl. Dtn 32,11.
59 Vgl. Jer 49,19.
60 Vgl. Mt 6,26.
61 Vgl. Lk 15,3-7.
62 Vgl. Lk 14,5.
63 Vgl. Lk 12,6.
64 Vgl. Mk 1,10; Mt 3,16, Lk 3,22; Joh 1,32.
65 Vgl. Joh 1,36; Offb 5,6-12.

ein Fressen und Gefressenwerden. Das aber muss, wenn Gottes guter Schöpferwille sich erfüllen soll, ebenso überwunden werden wie das Gegeneinander innerhalb der Menschheit. Daher findet sich in den Reich-Gottes-Visionen des Jesajabuches eben auch das friedliche Miteinander innerhalb der Tierwelt und zwischen Mensch und Tier.

> Da wird der Wolf beim Lamm wohnen und der Panther beim Böcklein lagern. Kalb und Löwe werden miteinander grasen, und ein kleiner Knabe wird sie leiten. Kuh und Bärin werden zusammen weiden, ihre Jungen beieinanderliegen, und der Löwe wird Stroh fressen wie das Rind. Und ein Säugling wird spielen am Loch der Otter, und ein kleines Kind wird seine Hand ausstrecken zur Höhle der Natter. (Jes 11,6-8)

Die Hoffnung auf das Reich Gottes auf Erden ist nicht vollständig, wenn in ihr das versöhnte Miteinander aller Geschöpfe fehlt. Der Friede der Schöpfung ist nicht vollendet, solange ein Geschöpf das andere auffrisst. Und das gilt für die Ernährungsweise der Menschen nicht weniger als für die der Raubtiere. In den Reich-Gottes-Visionen sitzen die Menschen durchaus bewusst unter Weinstock und Feigenbaum und genießen deren Früchte, wie es in der Schöpfung auch eigentlich vorgesehen war.[66] Eine Gemeinschaft am Grillfeuer mit Lamm am Spieß, wäre ein unpassendes Bild für die hier verheißene friedliche Reich-Gottes-Gemeinschaft der Geschöpfe.

Und weil die aktuelle Welt noch nicht dem guten Willen Gottes entspricht, spricht auch Paulus davon, dass bis zur Vollendung des Heils auch die Tierwelt leidet und voll Sehnsucht darauf wartet, dass die Menschen endlich zu Kindern Gottes werden.

> Denn das ängstliche Harren der Kreatur wartet darauf, dass die Kinder Gottes offenbar werden. Die Schöpfung ist ja unterworfen der Vergänglichkeit – ohne ihren Willen, sondern durch den, der sie unterworfen hat –, doch auf Hoffnung; denn auch die Schöpfung wird frei werden von der Knechtschaft der Vergänglichkeit zu der

66 Vgl. Gen 1,29.

> herrlichen Freiheit der Kinder Gottes. Denn wir wissen, dass die ganze Schöpfung bis zu diesem Augenblick seufzt und in Wehen liegt. Nicht allein aber sie, sondern auch wir selbst, die wir den Geist als Erstlingsgabe haben, seufzen in uns selbst und sehnen uns nach der Kindschaft, der Erlösung unseres Leibes. Denn wir sind gerettet auf Hoffnung hin. (Röm 8,19-24a)

Mensch und Tier teilen also die gleiche Hoffnungsperspektive einer leibhaft erfahrbaren Erlösung. Und so wird auch am Ende in der Offenbarung, wenn das Lamm Gottes die Herrschaft übernimmt, nicht nur von den Menschen der Lobpreis angestimmt, sondern es erklingt ein gemeinsames Bekenntnis aller Geschöpfe der Welt zu Gottes Ehre:

> Und jedes Geschöpf, das im Himmel ist und auf Erden und unter der Erde und auf dem Meer und alles, was darin ist, hörte ich sagen: Dem, der auf dem Thron sitzt, und dem Lamm sei Lob und Ehre und Preis und Gewalt von Ewigkeit zu Ewigkeit! (Offb 5,13)

Wenn am Ende alle Geschöpfe, selbst die Fische im Meer und der Wurm unter der Erde das Loblied der Ehre Gottes anstimmen werden, dann liegt nach der Logik des christlichen Glaubens auch eine Auferweckung der zu früh gestorbenen Tierwelt nahe. Dann werden wir nach unserem Tod jedenfalls gemeinsam mit unseren Mitgeschöpfen vor Gott stehen, und das müsste eigentlich auch Auswirkungen für unseren jetzigen Umgang mit unseren Mitgeschöpfen haben.

Wenn im Gericht des Menschensohns die Barmherzigkeit der Maßstab ist und auch den Tieren Gerechtigkeit widerfahren wird, dann wird dort auch das, was wir unseren Mitgeschöpfen angetan oder verweigert haben, zum Thema werden. Dann werden auch die für unseren billigen Fleischkonsum in den Mastanlagen gequälten Schweine und Hühner, die geschredderten Küken und die in menschlichen Fischfangnetzen erstickten Delphine bei unseren Werken zur Sprache kommen. Waren wir barmherzig mit unseren Mitgeschöpfen? Haben wir ihre Bedürfnisse erkannt, ihre Lebensräume geschützt und ihre Sorgen uns zu eigen gemacht? Das werden unangenehme Fragen sein, wenn vor dem Richterstuhl Christi offenbar wird, was wir getan und unterlassen haben. Aber vielleicht helfen uns diese Fragen heute schon zu einer neuen Lebensorientierung.

Ich habe den Eindruck, wir stecken als Christenheit in der Wahrnehmung dieser Dimension der Reich-Gottes-Vorstellung noch ziemlich am Anfang. Es gibt mittlerweile erste Entwürfe für eine Theologie der Geschöpfe, die den Menschen im Miteinander mit den Tieren sieht,[67] aber hinsichtlich unserer evangelisch-freikirchlichen und frei-evangelischen Theologie und Frömmigkeit tun sich diesbezüglich noch große Lücken auf. Während es für unsere adventistischen Geschwister selbstverständlich ist, dass zu einer überzeugenden christlichen Frömmigkeit auch eine vegetarische Ernährungsweise gehört, feiern wir immer noch Gemeindefeste mit Würstchen und Grillfleisch, und ich wage zu bezweifeln, dass es sich dabei wenigstens um Fleisch aus artgerechter Tierhaltung handelt. Wir sehen zumeist stumm über die Gräuel einer industriellen Massentierhaltung hinweg, in der mittlerweile weltweit mehr Großtiere ausgebeutet und nach kurzer Lebensdauer geschlachtet werden, als vergleichbare Tiere in freier Wildbahn leben.[68]

Aber wenn eine friedliche Gemeinschaft aller Geschöpfe zur Vollendung des Reiches Gottes gehört, dann wäre es sicherlich im Sinne unseres Auftrages, an unserem Verhältnis zu unseren Mitgeschöpfen zu arbeiten. Nur wenn wir auch diesbezüglich zu glaubhaften

67 Vgl. Clough, David L.: On Animals. Volume One: Systematic Theology, London / New Delhi / New York / Sydney 2012; Volume Two: Theological Ethics, , London / New Delhi / New York / Sydney 2019; Hagencord, Rainer: Gott und die Tiere. Ein Perspektivenwechsel, Durchgesehene und ergänzte Neuausgabe Regensburg 2018, und Horstmann, Simone / Ruster, Thomas / Traxacher, Gregor: Alles, was atmet. Eine Theologie der Tiere, Regensburg 2018 sowie Horstmann, Simone: Was fehlt uns, wenn uns die Tiere fehlen? Eine theologische Spurensuche, Regensburg 2020.

68 Nach Yuval Noah Harari, der sehr anschaulich das Zeitalter der Gegenwart als Anthropozän beschreibt, in der sich die Menschheit die Tierwelt grausam zu eigen gemacht hat, leben aktuell etwa 90% aller Großtiere in menschlicher Gefangenschaft, obwohl sie ebenso wie die Menschen über Gefühle und kognitive Fähigkeiten verfügen. Die meisten von ihnen werden ungeachtet ihrer elementaren Bedürfnisse industriell für den menschlichen Fleischkonsum oder zu Forschungszwecken gehalten und verwendet. Vgl. Harari, Yuval Noah: Homo Deus. Eine Geschichte von Morgen, München 132020, S.115-159, hier S.126.

Verkündigern der Liebe Gottes und zu Repräsentantinnen und Repräsentanten seiner alle Geschöpfe umfassenden Fürsorge werden, legen wir ein glaubwürdiges Zeugnis von unserer Hoffnung ab.

5. Die Auferstehungshoffnung als theologische Konsequenz der Reich-Gottes-Erwartung

Wenn die Vollendung des Reiches Gottes das Ziel der Schöpfung und das Ziel des Heilshandeln Gottes in Jesus Christus ist, dann stellt sich für den christlichen Glauben aber unausweichlich noch eine weitere Frage. Was ist mit denen, die zu früh sterben, um die Vollendung des Reiches Gottes auf Erden zu erleben?

Und diese Frage stellt sich ja für uns alle ganz konkret, die wir heute nach wie vor in einer Welt leben, in der sich der gute Wille Gottes für die Menschheit und die Tierwelt noch nicht durchgesetzt hat. Reicht es, dass wir in manchen Momenten etwas von der Reich-Gottes-Wirklichkeit erleben dürfen, wenn wir liebevolle Beziehungen, gelingende Versöhnung, Frieden und Augenblicke der Gerechtigkeit erleben können? Müssen wir uns damit abfinden, dass wir das Reich Gottes immer nur im Anbruch erleben, aber nie in seiner Vollendung sehen werden?

Was ist mit all den Opfern der Gewalt? Was ist mit all denen, die unter ungerechten Wirtschaftsbeziehungen leiden, denen, die am Hunger sterben, denen, die in ihrem Leben nie eine Chance hatten, fröhlich ihr Leben in Frieden und Freiheit gestalten zu können? Was ist mit den Kindern, die nie eine ausreichende Bildung erhielten, die als Kindersoldaten oder in den Goldminen und auf den Kakaofeldern des Südens um ihr Überleben kämpfen müssen und viel zu früh sterben? Gibt es für sie keine Hoffnung, keinen Anteil am guten Ziel der Schöpfung?

Die Antwort, die die Christenheit auf diese Frage gefunden hat, ist die gleiche Hoffnung, die auch das Judentum angesichts derer formuliert hat, die um ihres Glaubens willen verfolgt und ermordet wurden: Die Auferweckung der Toten. Die Auferstehungshoffnung ist die Hoffnung darauf, dass Gottes Macht und Möglichkeiten nicht an der Schwelle des Todes enden. Wenn Gott uns aus dem Tod herausruft zu neuem Leben, dann genau zu dem Leben, dass uns erwarten würde, wenn wir die Vollendung des Reiches Gottes auf Erden miterleben würden. Das aber bedeutet, dass wir uns das neue Leben, zu dem wir nach unserem Tod erweckt werden, nicht weniger lebendig, nicht weniger lebensfroh, nicht weniger irdisch und erfüllend vorstellen dürfen als ein gelingendes, fröhliches Leben im Diesseits.

Wir werden nach diesem Leben nicht zu Harfe spielenden Engeln auf den Wolken des Himmels mutieren. Wir werden zu neuem Leben erweckte Menschen sein, die die ganze Fülle dessen erleben dürfen, was wahres Menschsein bedeutet. Und wenn dazu der ewige Lobpreis Gottes gehört, dann deshalb, weil unsere Existenz eine so lebensfrohe sein wird, dass wir stets ein Lob- und Danklied auf den Lippen haben. Ein Loblied für das gelingende Miteinander mit allen, die zu unserem Leben gehören. Ein Danklied für unser Eingebettet-Sein in die erneuerte Schöpfung, für die pure Lebensfreude, weil Trauer und Tod, Leid und Schmerz aufgehoben sein werden. Stattdessen erwarten uns Genuss und Glücksgefühle, Freude, Ekstase und dann wieder erholsame Ruhe und besinnlich friedliches Beschäftigtsein. Eben Leben in seiner ganzen Fülle, verbunden mit der Erfahrung all der positiven Gefühle, zu denen wir als Menschen fähig sind.

Wenn die Auferweckung von den Toten Anteil am Reich Gottes gibt, dann wird sie mehr sein, als der Aufstieg unseres unsterblichen Seelenfunkens in die himmlische Gegenwart Gottes. Dann geht es dabei um mehr, als dass unser gelebtes Leben in Gottes Erinnerung für ewig aufgehoben sein wird. Die ewige Herrlichkeit, die uns nach unserem Tod erwartet, wird keine leiblose, geistige Gegenwart bei Gott sein, sondern ein sehr reales leibhaftes Erleben der Vielfalt geschöpflichen Lebens. Was uns erwartet, ist die Erfahrung einer versöhnten, friedlichen und erfüllenden menschlichen Existenz, in der alle Bilder der alttestamentlichen Reich-Gottes-Vision wahr werden.[69]

69 Aus diesem Grund haben die altkirchlichen Bekenntnisse die Hoffnung auf eine Auferweckung des Fleisches bzw. der Leiber festgehalten. Vgl. dazu Körtner, Ulrich H.J.: Die letzten Dinge, Neukirchen-Vluyn 2014, S.190f, der zwar die „Vorstellung einer leiblichen Auferstehung der Toten nur ein bildhaftes Interpretament“ nennt, dessen „bleibenden Sinn“ aber darin sieht, dass „das Personsein des Menschen an seine Leiblichkeit gebunden ist. Subjekt und Person ist der Mensch nicht nur in seiner Relation zu Gott, sondern auch in seiner Beziehung

Zum Leben in der von Gott geschenkten neuen Wirklichkeit gehören Menschen, die einer erfüllenden und sinnvollen Arbeit nachgehen und dann die Früchte ihrer Arbeit genießen dürfen, Paare, die miteinander ihre Kinder, Enkel und Urenkel gesund aufwachsen sehen. Und die Entdeckungsfreudigen werden ihre Freizeit und die Schönheit der Natur genießen dürfen, und die Liebenden Freude aneinander haben, und die menschlichen Gemeinschaften werden so gestaltet sein, dass sie das Wohl aller sicherstellen und das Miteinander der Vielfalt der Geschöpfe Anlass zum Staunen über die Großartigkeit der Schöpfung gibt. Wenn unsere Auferstehungshoffnung eine wahrhaft biblische sein soll, darf sie nicht weniger umfassen als die Hoffnung auf ein Leben, in dem Tanz und Gesang und Essen und Trinken und Spielen und Lachen genauso Teil des Alltags sein werden, wie die Konzentration auf relevante Herausforderungen, das Lesen und Neues lernen, das Musikhören und Musikmachen, das Genießen der Stille und die alles umfassende Wahrnehmung der Gegenwart des uns liebevoll zugewandten Gottes. Es geht darum, dass wir das menschliche Leben, für das wir eigentlich geschaffen wurden, in unserer ganzen körperlichen und geistigen Geschöpflichkeit in Vollendung erleben dürfen. Und das werden wir nicht für uns allein können. Dazu wird das durch Gottes Gnade ermöglichte, versöhnte lebensfrohe Miteinander der Menschheit und der sie umgebenden Schöpfung gehören, weil genau das die Vollendung von Gottes gutem Willen für seine friedvoll miteinander lebende Schöpfung sein wird.

zur Welt, der er mittels seines Leibes partizipiert. … Menschsein heißt in der Welt sein. Wenn Auferstehung bedeutet, dass der Mensch als Beziehungswesen in das ewige Leben Gottes hineingenommen wird, dann kann sie doch nicht von seinen welthaften Bezügen abstrahiert werden. … Darum schließt die ewige Beziehung Gottes zum Menschen seine ewige Beziehung zur gesamten Schöpfung ein, deren Teil der Mensch ist. Diese beiden Gesichtspunkte werden durch die Bildwelt der leiblichen Auferstehung der Toten wie auch eines neuen Himmels und einer neuen Erde zum Ausdruck gebracht. Die Individualeschatologie erfordert folglich die universal-kosmische Eschatologie. Wie die christliche Hoffnung primär eine Hoffnung für den anderen ist, so ist sie auch eine Hoffnung für die gesamte Welt und die außermenschliche Natur, soweit sie sich als Schöpfung Gottes verstehen lässt."

6. Fazit

Die christliche Hoffnung ist, solange wir in dieser Welt mit ihren Brüchen, ihrem Leid, ihrem Unfrieden und ihrer Ungerechtigkeit leben, eine Hoffnung, die über die Gebrochenheit unserer Gegenwart hinausweist. Sie verweist uns zum einen auf die Erwartung, dass Gottes Schöpfung nicht dem Untergang, sondern der Vollendung entgegengeht, weil Gott sein Reich in dieser Welt aufrichten wird.

Am Ende wird Gottes Wille geschehen – wie im Himmel so auch auf Erden.[70] Diese Zukunftsperspektive des Reiches Gottes ist der alt- wie neutestamentliche Kern der christlichen Hoffnung. Und diese Hoffnung verändert dann auch das Leben im Hier und Jetzt. Sie macht Christinnen und Christen zu engagierten Weltveränderern und zu verantwortungsvollen Aktivisten einer von Gottes Willen geprägten Zukunft.[71] Und eine solche diesseitige Reich-Gottes-Hoffnung ist dann auch das Bilderbuch der in Jesu Auferstehung begründeten Hoffnung auf die Auferweckung zu neuem Leben in diesem Reich Gottes auf Erden.

Es geht eben nicht um Jenseitsvertröstung auf eine ewige himmlische Herrlichkeit, die diese Welt hinter sich oder gar dem Verderben überlässt, sondern um eine konkrete Hoffnung auf die Teilhabe aller Geschöpfe an der Herrlichkeit des Reiches Gottes auf Erden. Eine solche Auferstehungshoffnung wird uns dann auch nicht davon ablenken, uns liebevoll dieser Welt und der Bewältigung ihrer Probleme zuzuwenden, sondern wir dürfen in unserer Gegenwart so viel Reich Gottes vorwegnehmen wie möglich.

Wir dürfen die Herrlichkeit der Güte Gottes bereits heute feiern und so viel versöhnte Gemeinschaft gestalten, wie es uns gelingt. Wir müssen das Reich Gottes dabei aber nicht herbeizwingen. Wir können uns voll Gelassenheit engagieren und aus unserer Hoffnung heraus

70 Vgl. Mt 6,9f. Diese Worte des Vaterunsers bringen zusammen mit der unmittelbar davorstehenden Bitte um das Kommen des Reiches Gottes zum Ausdruck, dass Gottes Reich erst dann vollendet sein wird, wenn beide Bereiche, der Himmel und die Erde, erneuert und nach Gottes Willen umgestaltet sein werden.

71 Vgl. dazu Dziewas, Ralf: Das Reich Gottes in einer bedrohten Schöpfung leben. Zur Verbindung von sozial-ökologischem Engagement und christlicher Hoffnung, in: MD 72 (2021) H.2, S.68-74.

den langen Atem aufbringen, den die Arbeit am Reich Gottes erfordert. Und wir dürfen es getrost Gottes Ratschluss überlassen, wann und wie er seine Schöpfung vollenden wird, eben weil wir gewiss sind, dass er am Ende sein gutes Ziel mit seiner Schöpfung erreichen wird – und dann dürfen wir als Auferweckte mittendrin mit dabei sein.

Die Frage nach dem Gericht u. das Schicksal der Gerichteten wäre zu bedenken.
Wie unterscheidet sich in der Vollendung Himmel von ‚Erde', deckungsgleich oder noch immer 2 Bereiche?

Wir müssen anders leben

Thomas Weißenborn

„Wir müssen anders leben" – so lautet der Titel des Beitrages, um den ich gebeten worden bin. Diese vier Worte lassen einen vermutlich erst einmal schlucken, denn sie enthalten einiges an Sprengstoff: Da ist zum einen die Dringlichkeit, die aus ihnen spricht. „Wir *müssen* anders leben", der Punkt also ist erreicht, an dem eine Umkehr nicht nur erwägenswert, sondern tatsächlich dringend geboten ist. Die Zeit der Ausflüchte, des Relativierens, Abwiegelns und Ignorierens ist demnach vorbei, jetzt *muss* endlich gehandelt werden.

Wer da zu handeln hat, wird ebenfalls in unserem Titel deutlich: Es ist nicht nur „die Politik", „die Wirtschaft" oder eben „die Gesellschaft" – so als hätten wir mit alledem nichts zu tun, als ginge es uns nichts an, weil es letztlich ja um „die da oben" geht und nicht um uns – nein, es sind *„wir"*, wir alle, so wie wir hier sitzen. Wir können uns also nicht mehr länger aus der Verantwortung stehlen und vor schmerzhaften Entscheidungen drücken. Jetzt ist vielmehr eine echte Lebensänderung gefragt, und zwar eine totale und umfassende – eben das, was man landläufig als „Bekehrung" bezeichnet. Denn schließlich sollen wir uns nicht nur ein bisschen anders verhalten, die eine oder andere Stellschraube etwas anziehen, sondern: „Wir müssen anders leben".

Und damit sind wir bei einem letzten Aspekt, der natürlich immer klammheimlich mitschwingt, wenn wir als Christinnen und Christen über ein solches Thema nachdenken. Gerade im evangelischen Bereich haben wir uns schließlich so sehr an die Predigt von der unverdienten Rechtfertigung und bedingungslosen Gnade gewöhnt, dass uns die Worte „wir müssen" vermutlich erst einmal schwer im Magen liegen. Kann man so mit evangelischen Gläubigen reden? Ist das theologisch sachgemäß in einer Zeit, in der wir Imperative in jeglichem Kontext vermeiden? Wie oft reden wir doch stattdessen in der Sprache der Erlaubnis – „Ihr dürft euch wieder hinsetzen" – oder tun so, als geschehe das, was wir einfordern, bereits einfach so: „Wir stehen dazu auf". Wäre es daher nicht angemessener, auch hier entsprechend zu formulieren, einladend zum Beispiel: „Wir dürfen anders leben", oder auch das gewünschte Resultat bereits vorwegnehmend: „Wir leben anders"?

Damit sind wir bei einem Dilemma, das uns als Christinnen und Christen ganz besonders betrifft, aber auch unsere säkulare Umwelt nicht kalt lässt. In einer freien Gesellschaft, die großen Wert auf die individuellen Entscheidungsmöglichkeiten legt und diese auch da verteidigt, wo die Bequemlichkeit des Einzelnen dem Wohl aller vorgezogen wird, haben wir ja genau damit zu kämpfen. An dieser und an anderen Stellen rächt es sich, dass wir seit der Aufklärung Freiheit in erster Linie negativ formuliert haben. Freiheit ist bei uns in der Regel eine „Freiheit von", ein Lösen von Fesseln und Zwängen, ein Lockern von Vorgaben, eine Emanzipation von allem, was uns in eine bestimmte Richtung drängen will. Was dabei herauskommt, ist jedoch vielerorts nur der blanke Individualismus, der sich wenig um die Zukunft und die nicht unmittelbar erfahrbare Gegenwart kümmert.

Davon sind auch unsere Kreise nicht verschont geblieben. Wie es unter uns Frommen so üblich ist, sind wir uns in vielen Punkten nicht ganz einig, aber in einigen doch allzu sehr. Zu ihnen gehört zum einen die felsenfeste Überzeugung, dass Glauben eine ganz persönliche Angelegenheit ist, die ich zwischen mir und meinem Gott aushandele und in die mir keine andere Instanz hineinzureden hat. Damit verbunden ist die ebenso unerschütterliche Gewissheit, dass Jesus gekommen ist, um uns von den Fesseln und engen Vorgaben eines das Leben einengenden Gesetzes zu befreien. Die Zehn Gebote mögen noch gut und richtig sein. Doch wo es konkret wird, empfindet man sie und andere Vorschriften allerdings als Verengung – und zwar als eine vollkommen sinnlose und unnötige Engführung. Gott liebt uns doch so, wie wir sind, er hat uns doch geschaffen mit all unseren Wünschen und Bedürfnissen, er hat uns zu den unverwechselbaren, einzigartigen Individuen gemacht, die wir sind. Warum also sollte er diese Individualität durch irgendein „Muss" zurückdrängen, warum sollte er uns in die Konformität irgendeiner richtigen Lehre oder Lebensführung einzwängen? Das widerspräche doch nicht nur unserem, sondern vor allem auch seinem Wesen.

Den Titel meines Beitrages „Wir müssen anders leben" verstehe ich deshalb zunächst und zu allererst als einen Auftrag an unsere Verkündigung. Wir müssen nicht nur anders handeln, sondern auch anders von Gott, vom Menschen und vom Evangelium reden. Das beginnt sicher mit dem Freiheitsbegriff, den es im antiken und biblischen Sinne wieder positiv zu füllen gilt. Gott befreit uns nicht nur von unseren Bindungen und Zwängen, nein, er befreit uns vor allem zu etwas: zu einem neuen Leben in seiner Gegenwart, zu einer neuen Gemeinschaft mit seinen Kindern, zu einem neuen Verhältnis zu seiner übrigen Schöpfung, aber eben auch und gerade zu einem neuen und anderen Leben in der Nachfolge Christi. Jede Verkündigung, die den ersten, negativen Teil der Freiheit als gegeben hinstellt und den zweiten, positiven als bloße Option, widerspricht also der Botschaft des Neuen Testaments. Wir sind nicht nur von einem alten Leben befreit worden, sondern vor allem zu einem neuen Leben berufen. In diesem Sinne zieht das tatsächlich ein anderes Leben nach sich, wenn wir dem Evangelium gerecht werden wollen.

Und dass wir anders leben müssen, daran kann eigentlich kein Zweifel mehr bestehen. Ich möchte an dieser Stelle nicht in die Tiefen der Umweltproblematik einsteigen, möchte nicht abwägen, wann zum Beispiel beim Klimawandel gewisse „Klippenmomente" erreicht sind, ab denen es kein Zurück mehr gibt, ich will auch nicht diskutieren, ob der Beitrag des Menschen dazu so groß ist, wie es in den Medien in der Regel dargestellt wird. Und Klimaschutz ist ja nur ein Beispiel von dem vielen, was an unserem Planeten im Argen liegt. Dazu kommen die vielen anderen Umweltprobleme, die sozialen Verwerfungen sowie Ausbeutung und Unterdrückung. Über all das ist viel gesagt und geschrieben worden und wer es wissen möchte, kann es nachlesen. Mir geht es an dieser Stelle nicht um Aufklärung, ich setze schlichtweg voraus, dass jede und jeder hier das dumpfe Gefühl hat, dass unser Leben nicht einfach so weitergehen kann, weil das unabsehbare und vermutlich katastrophale Folgen hätte.

Und noch etwas möchte ich vorausschicken: Mir ist völlig klar, dass wir es in dieser Frage mit ungeheuer komplexen Herausforderungen zu tun haben, die nicht nur die Kraft und die Handlungsmöglichkeiten eines einzelnen Menschen übersteigen, sondern auch von

Regierungen kaum zu bewältigen sind. In unserem System sind Politik und Wirtschaft, das Handeln Einzelner und das von Gemeinschaften, Umwelt und Soziales und vieles mehr so eng miteinander verwoben, dass völlig unklar ist, wo man den Hebel ansetzen soll. Natürlich müssen Regierungen Vorgaben machen. Und natürlich muss eine internationale Lösung angestrebt werden. Dazu gehört sicher auch ein sozial verträglicher Umbau unseres Wirtschaftssystems – nicht nur bei uns, sondern weltweit. All das sind Dinge, die ebenso notwendig wie schwierig zu erreichen sind. Mit diesen Dingen möchte ich mich an dieser Stelle aber nicht beschäftigen, weil sie nicht in unserer Macht liegen. Ich nehme die Aufgabe, die mir mit diesem Beitrag gestellt worden ist, sehr ernst: Wir müssen anders leben – wir, du und ich; wir, die wir das Buch in der Hand halten.

Wie das gehen kann und soll, darauf kann ich in einem Beitrag natürlich keine umfassende Antwort geben – aber vielleicht ein paar Gedankenanstöße. Ich möchte das anhand eines allseits bekannten Verses aus dem Buch Micha tun, der nicht nur die Michabewegung inspiriert hat, sondern auch viele andere mehr. Dabei geht es mir nicht um Auslegung im strengen Sinne, sondern eher um eine Inspiration. Denn dieser Vers spricht genau die Themen an, um die es geht, die Bereiche des Lebens und Glaubens, über die wir dringend neu nachdenken müssen, wenn wir tatsächlich anders leben wollen. Es geht um den Vers in Micha 6,8:

> Es ist dir gesagt, Mensch, was gut ist und was der HERR von dir fordert: nichts als Gottes Wort halten und Liebe üben und demütig sein vor deinem Gott.

An diesem Vers gefällt mir, dass er inhaltlich so konkret und klar ist – und dass er dem Titel dieses Beitrages entspricht. In ihm ist von einem eindeutigen „Muss" die Rede, Gott „fordert" diese Dinge von seinem Volk, er verhandelt nicht darüber, lädt uns auch nicht dazu ein und schlägt sie nicht vor, nein, er verlangt sie schlichtweg.

Und das, was er da verlangt, was er fordert, ist alles andere als exotisch: Es geht um „Gottes Wort halten", „Liebe üben" und „demütig sein vor deinem Gott". Vermutlich wird in den meisten Gemeinden das, was christliche Spiritualität im Kern auszeichnet, zwar mit anderen Worten, aber inhaltlich sehr ähnlich beschrieben. So verhält sich ein Mensch, der von dem Bund Gottes mit seinem Volk her lebt.

Schauen wir uns also Michas Aussage im Einzelnen an und überlegen wir, wie sie uns zu einem anderen Leben führen kann. Er beginnt mit:

Es ist dir gesagt, Mensch, was gut ist

Dieser Satz hört sich eigentlich ganz lapidar an: Micha muss seinen Zuhörern gar nicht erklären, was gut ist, sie wissen es ja schon. Ihr Problem ist also nicht die Unwissenheit, sie brauchen keine Aufklärung, keine Schulung, keine Kampagne, die sie aufrüttelt, nein, sie müssen einfach nur das, was sie schon wissen, in die Tat umsetzen und mit Leben erfüllen. Insofern wirkt diese Aussage ganz beruhigend. Gott verlangt von uns nicht mehr als die Umsetzung dessen, was uns eigentlich schon klar ist.

Wenn wir das nun auf dem Hintergrund der Forderung nach einem anderen Leben betrachten, wird es vermutlich trotzdem etwas unangenehm. Man muss sich ja keine besondere Expertise in Wirtschaftswissenschaften erworben haben, um zu erkennen, dass es in der Welt nicht gerade gerecht und umweltfreundlich zugeht, es reicht, wenn man die Augen nicht verschließt. An den Extremen kann man das deutlich sehen: Da gibt es auf der einen Seite Menschen, die ohne eigenes Zutun so sehr im Geld schwimmen, dass sie sich praktisch alles leisten können, inklusive der Regierungen ganzer Länder, und auf der anderen Seite sind Menschen, die trotz harter Arbeit kaum ihren Lebensunterhalt decken können und jeden Tag aufs Neue ums Überleben kämpfen. Das sind, wie gesagt, die Extreme, der Rest ist irgendwo dazwischen, lebt wie wir im Speckgürtel der Welt oder woanders.

Zu tun hat dies damit – auch das ist vermutlich nicht die große Offenbarung –, dass nicht nur die Mittel, sondern auch die Chancen enorm ungleich verteilt sind. Die einen haben Zugang zu universitärer Bildung, andere können noch nicht einmal Lesen und Schreiben lernen. Die einen haben so etwas wie die freie Berufswahl, andere vegetieren in sklavenähnlichen Verhältnissen ohne jegliche Aussicht auf Besserung dahin. Unterdrückung, Ausbeutung, falsche Maße und Gewichte oder schlichtweg die pure Gewalt sind weiterhin Teil unseres Umgangs miteinander. All das, was Micha in seinem Buch seinen Zeitgenossen vorgehalten hat, könnte man also auch heute in vielen Teilen der Welt den Reichen und Mächtigen entgegen schleudern.

Mir geht es an dieser Stelle übrigens nur um eine Bestandaufnahme. Ich habe mich bewusst nicht über Strukturen geäußert, ich möchte auch hier nicht darüber nachdenken, ob unser gegenwärtiges Wirtschaftssystem ein Teil des Problems ist oder zu seiner Lösung einen entscheidenden Beitrag leisten kann. Denn egal, welche Front man in diesen oft ideologisch geführten Debatten einnimmt, dürfte eines doch klar sein: Ausbeutung und Ungerechtigkeit existieren, und sie sind kein Randproblem, sondern für nicht wenige Menschen unserer Zeit im wahrsten Sinne des Wortes existenzbedrohend. Wir wissen das alle. Die Frage ist aber, was wir mit diesem Wissen anstellen.

Das Gleiche gilt übrigens auch für die Probleme, die Micha noch nicht kennen konnte, die uns aber heute umso mehr bedrängen, wie die massive Umweltzerstörung und alles, was damit verbunden ist. Man muss keine Biologin, kein Klimaforscher oder Entsorgungsfachkraft sein, um zu wissen, dass unser Umgang mit unserer Umwelt in hohem Maße schädlich ist. Wir beuten endliche Ressourcen hemmungslos aus und verwandeln sie in Müll. Wir entwickeln immer neue Stoffe, die in die Umwelt freigesetzt werden, ohne auch nur zu ahnen, was das auf Dauer mit uns und unserem Planeten macht. Wir haben zumindest einen großen Einfluss auf die Veränderung des Weltklimas mit all ihren Folgen. All das wissen wir, auch wenn wir es manchmal nicht wahrhaben wollen.

Hinzu kommen andere Dinge, die wir zwar nicht genau wissen, aber doch ahnen. Unsere Lebensweise scheint generell problematisch zu sein. Psychische Erkrankungen, Übergewicht, Diabetes, Nahrungsmittelunverträglichkeiten und Allergien, um nur einige wenige Beispiele zu nennen – all das ist auf dem Vormarsch. Auch wenn die Ursachen im Einzelnen umstritten sind, unumstritten ist jedoch, dass das kein Zufall ist, sondern irgendetwas mit unserem heutigen Lebensstil und unserer Arbeitsweise zu tun haben muss.

Mit diesen Problemen hatte Micha noch nicht zu kämpfen, mit den dahinterstehenden Machtstrukturen – dass wenige bestimmen, wie das Leben der vielen auszusehen hat, und dabei von ihren eigenen Interessen geleitet werden – aber schon. Insofern finde ich persönlich die Frage unerheblich, ob Umweltschutz ein biblisches Gebot ist. Wie bei der Ausbeutung von Menschen geht es auch in unserem Umgang mit der Umwelt nicht um eine Wertschätzung der Schöpfung und ihres Schöpfers, sondern um ihre gnadenlose Unterwerfung unter unseren Willen.

Wenn wir unser Leben wirklich ändern wollen, müssen wir uns deshalb in einen Prozess begeben, der von anderen Bekehrungen her bereits bekannt ist. Am Anfang steht eine ebenso nüchterne wie schonungslose Bestandaufnahme: Warum bin ich so, wie ich bin? Was treibt mich eigentlich an? Und warum handle ich oft nicht so, wie ich es mir von mir wünschen würde?

Ich habe evangelische Theologie studiert und weiß, dass einem das oft helfen kann, diesen Fragen sozusagen auf einem „höheren Niveau" aus dem Weg zu gehen. Und so könnte ich auch hier ein ausgefeiltes Bild struktureller Sünde an die Wand malen, könnte auf die subtilen Verführungstricks der Werbung verweisen und darauf, dass wir Menschen eben nicht perfekt sind. Aber wir wissen alle von der Rechtfertigungslehre her, dass das Ausflüchte sind. Wenn wir uns wirklich bekehren wollen, sind nicht die anderen schuld an unserem Fehlverhalten. Ich muss meinen Anteil sehen, muss einen Blick in meine eigene Finsternis werfen, sonst werde ich nicht heil werden.

Deswegen möchte ich auch hier geradezu erbarmungslos ehrlich sein: Dass wir uns trotz unseres Wissens um das Gute nicht entsprechend verhalten, liegt vor allem an unserer Achtlosigkeit und Bequemlichkeit. Wenn wir in den Laden gehen, um zum Beispiel Kaffee oder Schokolade, aber auch alle möglichen anderen Lebensmittel zu kaufen, sehen wir ansprechende Verpackungen und verlockende Preise. Das gleiche gilt für Kleidung, elektronisches Spielzeug und alle möglichen anderen großen und kleinen Dinge des täglichen oder eingebildeten Bedarfs. Und wenn wir die im Geschäft vor uns sehen, dann wollen wir eigentlich gar nicht wissen, unter welchen Bedingungen sie hergestellt wurden und welche Probleme sie bei der Entsorgung aufwerfen könnten – erst recht nicht, ob aus dem verwendeten Material nicht vielleicht etwas deutlich Sinnvolleres hätte hergestellt werden können. Das wäre zu unbequem, zu schmerzhaft. Lieber verdrängen wir es und reden uns heraus. Schließlich verdienen wir als Hauptamtliche doch weniger als der Rest der Gemeinde. Und wir spenden doch schon so viel. Und ab und zu muss man sich doch auch einmal etwas gönnen. Und, und, und.

Tief in unserem Herzen wissen wir, dass das Ausreden sind. Ob das so ist, könnt ihr übrigens an einer einfachen Probe feststellen: Wenn die ausbeuterischen und umweltzerstörerischen Bedingungen, die – wie wir zumindest ahnen – mit der Herstellung vieler unserer Produkte verbunden sind, vor unserer Haustür stattfinden würden, wenn wir mit eigenen Augen jeden Tag stinkende Müllberge, Giftseen, Kinderarbeit und erschütternde Armut sehen würden – würden wir uns dann immer noch über ein Schnäppchen freuen, das uns ein paar Euro spart, aber letztlich damit erkauft worden ist? Wenn das nicht der Fall ist, dann ist Verdrängung unser erstes Problem.

Das hoffe ich zumindest. Denn wie ich vorhin schon angedeutet habe, steckt oft noch mehr dahinter. So sehr ich mit meinem ganzen Sein von der reformatorischen Theologie überzeugt bin – trotzdem nagt manchmal der Zweifel in mir, ob wir uns damit nicht ein gigantisches Entlastungssystem geschaffen haben, das uns in ethischen Fragen immer wieder Knüppel zwischen die Beine wirft, weil es den Falschen Argumente in die Hand gibt. Wenn Sündenvergebung tatsächlich das letzte Ziel der Gottesbeziehung ist, dann sind die großen Sünder eindeutig im Vorteil. Und wenn der Mensch sowieso nichts tun kann, sondern auf die „übernatürliche“ Verwandlung der Welt in das Reich Gottes und seines eigenen Charakters in das Ebenbild Christi warten muss, dann sind gerade die im Vorteil, die sowieso nicht an ihrem Charakter arbeiten wollen. Und mehr noch: Wie oft werden diejenigen, die sich auf den steinigen Weg der Charakterformung begeben, als „engstirnig“, „verbissen“ und „gesetzlich“ verschrien, während die Bequemen fröhlich „aus der Gnade“ leben können? So wie der Pharisäer im Gleichnis auf den Zöllner herabsah und ihn für seine mangelnden Werke verachtete, so klopfen sich doch in unseren Kreisen nicht wenige heimlich auf die Schulter, weil sie weder fasten noch den Zehnten geben und damit alles andere als ein Pharisäer sind.

Damit bin ich bei meinem zweiten Gedanken:

Gottes Wort halten

Als ich mich als Teenager für den Glauben zu interessieren begann, haben sich mein jüngerer Bruder und ich eines Tages auf den Weg zu unserem örtlichen Pfarrer gemacht. Wir waren zu diesem Zeitpunkt noch nicht das, was man evangelikal, pietistisch oder bekehrt nennen würde, aber wir waren konfirmiert, und das hatte uns dazu gebracht, die Sache nicht nur ernst zu nehmen, sondern uns auch näher für Gott und Jesus zu interessieren.

Wir saßen also an einem Nachmittag im Amtszimmer unseres Pfarrers und fragten ihn mit der ganzen Unschuld von religiös offenen Teenagern, wie man denn als Christ so lebt und wo wir in der Gemeinde mitarbeiten könnten. Beide Fragen wurden uns nicht beantwortet. Stattdessen bekamen wir einen Vortrag über den Galaterbrief zu hören, verbunden mit ernstgemeinten Warnungen vor einer „gesetzlichen Frömmigkeit". Das hat meine eigentliche Bekehrung vielleicht um einige Jahre verzögert und mit Sicherheit dafür gesorgt, dass ich mich schließlich nicht zu Hause in der Kirchengemeinde, sondern anderswo engagiert habe – ganz abgesehen davon habe ich aber auch ein ganzes Theologiestudium gebraucht, um zu verstehen, was der Pfarrer damals meinte und warum es ihm so ernst war.

Ich weiß heute nicht mehr, was er gesagt hatte, erst recht nicht, ob es auf einer grundlegenden Exegese und einer ordentlichen Dogmatik aufbaute. So viel kann ich allerdings sagen: Es war offensichtlich eine Theologie, die dem geistlichen Wachstum im Wege stand – und damit vermutlich auch dem, was Gott für seine Gemeinde möchte.

An dieses Erlebnis muss ich immer wieder denken, seit wir uns als Familie vor mehr als fünfzehn Jahren entschlossen haben, nicht mehr länger wegzuhören und -zusehen. In dieser Zeit haben wir nach und nach unseren Lebensstil umgestellt und sind immer noch dabei, mit so etwas wird man ja nicht fertig. Wer mich kennt, weiß zudem, dass ich von Natur aus eher schüchtern bin. Das eine Jahr, in dem ich als Mitglied eines Evangelisationsteams jeden Freitag wildfremde Menschen auf der Straße angesprochen habe, war deshalb eines der härtesten meines Lebens. Ich gehe Menschen lieber aus dem Weg und mag es auch nicht, von irgendwelchen Verkäufern angesprochen zu werden. Sie können sich also denken, dass unsere Umstellung mehr oder weniger schleichend verlief. Wir haben einfach gemacht und nicht viel darüber gesprochen.

Und trotzdem habe ich seitdem viele Diskussionen gehabt, ob es denn für einen Christen angemessen ist, solche Fragen überhaupt auf dem Schirm zu haben. Ich rede ja nicht davon, dass man sich bei Micha engagieren oder die Gemeindearbeit hintanstellen soll. Bei uns sind es eher alltägliche Dinge: Wir ernähren uns biologisch und fair, kaufen an langlebigen Konsumgütern nur das Nötigste, fliegen nicht und fahren so wenig es irgend geht Auto, sondern laufen und sind mit dem Fahrrad unterwegs. Die Heizung haben wir heruntergedreht und das Haus auf Ökostrom umgestellt. Solche Dinge eben – alles machbar, ohne dass man auch nur eine Stunde Hauskreis verpasst oder eine Predigt schleifen lässt. Ich hoffe, Sie verstehen: Uns als Familie geht es nicht um Ideologie, sondern schlichtweg darum, so bewusst und nachhaltig zu leben, wie es uns möglich ist.

Wir tun dies aus einer christlichen Motivation heraus, uns geht es um die Bewahrung der Schöpfung und die Nächstenliebe. Dass sich einer aus christlicher Motivation für soziale Arbeitsbedingungen und Umweltschutz einsetzt, führt allerdings in manchen Kreisen zu ähnlich traurigen Diskussionen wie damals im Amtszimmer meines Pfarrers. So wurde und wird mir gelegentlich unterstellt, ich würde mir damit mein Heil erarbeiten wollen. „Meinst du, du musst das alles tun“, heißt es dann, „glaubst du nicht an einen gnädigen Gott?“ Etwas subtiler kommt diese Anfrage als eine nach dem Reich Gottes daher: „Glaubst du wirklich, dass du mit deinem Tun hier auf Erden Gottes Reich bauen kannst? Glaubst du etwa nicht mehr an die Wiederkunft Christi?“ Verleugne ich also das Kreuz, halte ich die Bekehrung nicht mehr für wichtig, verwische ich gar den Unterschied zwischen der Gerechtigkeit Gottes und menschlicher Gerechtigkeit?

Wenn Sie mich fragen, bin ich immer noch so fromm wie vor ein paar Jahren. Es gibt nichts, was ich damals geglaubt habe, was ich heute nicht mehr glaube. Und so, wie ich damals nicht geglaubt habe, dass ich mir mein Heil verdiene, wenn ich meiner Frau treu bin, so wenig glaube ich heute, dass man es durch den Kauf von Fairtrade-Produkten erlangen kann. Aber ich glaube immer noch, dass beides wichtig ist, auch wenn es nicht direkt etwas mit dem Heil zu tun hat. Und auch, dass beides etwas mit dem zu tun hat, was Micha „Gottes Wort halten“ nennt, da es zur Gerechtigkeit mahnt und Ausbeutung verurteilt.

Was mir in diesen Diskussionen nämlich klar geworden ist, ist, dass wir dringend ein Verständnis für das brauchen, „was gut ist“, ohne dass wir die ganze Sache sofort mit Luthers Frage „Wie bekomme ich einen gnädigen Gott?“ überfrachten. Es gibt eine Menge Gutes, was nichts mit dem Heil zu tun hat, was noch nicht einmal spezifisch christlich ist, aber trotzdem gut bleibt. Eheliche Treue zum Beispiel, der Einsatz für das ungeborene Leben, aber auch eine gesunde Ernährung oder ausreichend Bewegung, um nur ein paar Beispiele zu nennen. Und dazu gehört eben auch, dass man sich nicht an Ausbeutung und Zerstörung beteiligt, wenn man es vermeiden kann. Das kann man zwar nicht immer – wir leben schließlich in einer gefallenen Welt – aber viel öfter als man es sich zunächst vorstellt.

Damit möchte ich nicht behaupten, dass wir die Botschaft der alttestamentlichen Propheten, in der die meisten dieser Themen einen prominenten Raum einnehmen, eins zu eins auf heute übertragen können. Aber ich kann mir auch keine christliche Verkündigung vorstellen, die guten Gewissens behauptet, die Propheten hätten zwar die Ausbeutung der Armen verboten, doch dank des Kreuzes Christi sei sie jetzt wieder erlaubt. Das Problem, das muss ich zumindest von mir bekennen, liegt nicht in der Theologie, sondern immer noch in der Bequemlichkeit. Es ist anstrengend, sich zu informieren und nicht einfach nur der Werbung zu glauben; es ist mit Verzicht verbunden, weil das eine oder andere Produkt einfach nicht mehr drin ist; und es ist teuer, weil ich für scheinbar dieselbe Sache mehr bezahle. Das ist das eigentliche Problem, nicht die Theologie, nicht die Leugnung der Rechtfertigung oder der Gnade Gottes.

Bei Licht betrachtet läuft damit alles auf die Frage hinaus, die der Apostel Paulus in seinem Brief an die Römer nicht nur gestellt, sondern auch gleich beantwortet hat:

> Was wollen wir hierzu sagen? Sollen wir denn in der Sünde beharren, damit die Gnade umso mächtiger werde? Das sei ferne! Wir sind doch der Sünde gestorben. Wie können wir noch in ihr leben? Oder wisst ihr nicht, dass alle, die wir auf Christus Jesus getauft sind, die sind in seinen Tod getauft? So sind wir ja mit ihm begraben durch die Taufe in den Tod, auf dass, wie Christus auferweckt ist von den Toten durch die Herrlichkeit des Vaters, so auch wir in einem neuen Leben wandeln. (Römer 6,1-4)

Analog dazu müssen wir uns der Frage stellen, ob uns die Gnade Gottes nicht allein von der Sünde erlöst, sondern uns auch zum gerechten Handeln befreit? Aus diesem Blickwinkel wird klar: Wer die Berufung auf die Gnade Gottes als Ausrede für die eigene Bequemlichkeit missbraucht, hat nicht nur die Propheten, sondern auch den Apostel gegen sich – und zwar ausgerechnet den Apostel, auf den man sich mit dem Hinweis auf die Gnade so gern beruft.

Es bleibt also bei dem, was Micha folgendermaßen ausdrückt:

Liebe üben

In der ganzen Diskussion um Glaube und Werke, um das menschliche Tun und die göttliche Gnade ist sehr viel von Liebe die Rede. „Gott liebt mich doch so, wie ich bin", höre ich immer wieder, „warum muss ich dann noch dies oder jenes tun?" Das ist jedoch allenfalls ein kleiner Ausschnitt aus dem biblischen Liebesbegriff. Viel zentraler ist dort der Gedanke, den Micha in unserem Vers äußert. Im Mittelpunkt steht dabei nicht das Gefühl des Angenommenseins, sondern das praktische Tun. Liebe ist eine Handlung, eine Tat, ein Geschehen am Nächsten, nicht an mir selbst.

Den Anfang bildet dabei die Wahrnehmung, dass man den anderen, der die Liebe nötig hat, überhaupt erst einmal sieht. Das hört sich zwar banal an, war aber schon in biblischer Zeit ein Problem. Denken wir nur an Jesu Gleichnis vom reichen Mann und armen Lazarus. Dort ist davon die Rede, dass der Arme jeden Tag vor der Tür des Reichen gelegen hat (Lukas 16,20). Der Reiche im Gleichnis nimmt ihn aber offensichtlich erst wahr, als beide gestorben waren, ja, er bittet Abraham sogar, Lazarus als Auferstandenen zu seinen Brüdern zu schicken, um sie zu warnen. Offensichtlich sehen auch sie das Offensichtliche sonst nicht, nämlich die Armen vor ihrer Tür.

Dieses Gleichnis hat mich nicht nur sehr zum Nachdenken angeregt, sondern mir auch in mancherlei Hinsicht die Augen geöffnet. Denn man muss auch bei uns genau hinschauen, um die Armen zu erkennen, um diejenigen zu sehen, die unsere Liebe nötig haben. Was in der Grundschule oft noch zusammen war, wird durch Bildung, Ausbildung, Studium und Berufswahl zunehmend getrennt. Man ist im Wesentlichen nur noch unter seinesgleichen und sieht die anderen kaum noch. Manchmal fallen sie mir auf, die Menschen, die für manche Paketdienste arbeiten, hinter mir sauber machen, die Supermarktregale einräumen und, und, und. Und dann frage ich mich, wie es ihnen so geht, was sie von der Glitzerwelt haben, die sie für mich nicht nur errichten, sondern auch am Laufen halten.

Und diesen Menschen geht es noch gut, wenn man sie mit Näherinnen in Pakistan oder Bangladesch, mit Arbeitern in manchen Elektronikfabriken in China oder gar mit den Sklaven in den Rohstoffabbaugebieten im Kongo vergleicht. Es sind diese Menschen, die eigentlich unsere Welt am Laufen halten, die dafür sorgen, dass sie mit Mode, elektronischem Spielzeug und vielem mehr versorgt wird, und die dafür mit ihrer Gesundheit und teilweise sogar mit ihrem Leben bezahlen, auf jeden Fall aber mit einem sehr arbeitsreichen Dasein unter materiell ärmlichsten Bedingungen.

Nehmen wir diese Menschen wahr, sehen ihr Schicksal? Dann lasst uns überlegen, wie „Liebe üben“ in den verschiedenen Situationen konkret aussehen kann. Wir werden damit nicht die Welt retten und vielleicht noch nicht einmal großartig besser machen. Aber für einzelne Menschen, die unter ihr leiden, können wir tatsächlich enorm viel erreichen.

Und damit komme ich zu meinem letzten Gedanken:

Demütig sein vor deinem Gott

Letzten Endes geht es um nichts anderes. Im klassischen Sinn besteht die Demut ja gar nicht darin, dass man sich selbst kleiner macht als man ist. Es geht vielmehr darum, dass man seinen Platz erkennt und nicht mehr sein möchte als einem zusteht.

An dieser Stelle haben wir ein gewaltiges Problem. Wenn wir nämlich ehrlich sind, müssen wir zugeben, dass wir unseren Platz nicht kennen. Die Welt, in der wir leben, ist für uns nicht mehr Gottes Schöpfung, sondern unsere Umwelt, unser Planet. Die Menschen und Tiere in ihr sind nicht mehr unsere Mitgeschöpfe, für die wir uns vor unserem Schöpfer verantworten müssen, sondern Produktionsmittel und -faktoren, die wir vor allem durch die Brille einer Kosten-Nutzen-Rechnung betrachten.

In dieser Welt ist zunächst einmal Demut gefragt. Wir müssen wieder erkennen, wer wir wirklich sind, was uns wirklich zusteht, was wir wirklich brauchen. Und nicht nur erkennen, sondern in unseren alltäglichen Handlungen durchbuchstabieren. Das bedeutet ganz konkret, dass wir massiv gegen unsere Bequemlichkeit angehen müssen. Unsere Gesellschaft, unsere Konsumwelt verschafft uns ein bequemes Leben, indem sie es anderen in anderen Teilen der Welt oder späteren Generationen unbequemer macht. Und da setzt die Frage nach der Demut ein: Mit welchem Recht will ich es bequem haben? Ob es nun ums Autofahren geht, wo man den Zug nehmen könnte, um billige Kleidung, den schönen Urlaub oder einfach nur frische Schnittblumen zu jeder Jahreszeit – die Begründung dafür, warum wir uns all das gönnen, hat so gar nichts mit Demut zu tun. Wir tun es schlichtweg deshalb, weil es bequem ist und wir es uns leisten können. Aber warum sollten es ausgerechnet wir, denen es doch im weltweiten und historischen Vergleich in jeder Hinsicht rundum gut geht, noch bequemer haben? Entfernt uns das nicht noch weiter von unserem eigentlichen Platz in dieser Welt? Sollten wir nicht stattdessen lieber das Maß halten lernen?

Beim Tun des Guten, beim Üben der Liebe geht es letztlich um einen geistlichen Zusammenhang, der etwas mit der Demut vor Gott zu tun hat. Wir erkennen, wer wir sind – und vor allem, wer wir nicht sind. Wir machen uns Gedanken über unseren angemessenen Platz in Gottes Schöpfung und nehmen nicht einfach nur das, was wir uns nehmen können. Wir denken darüber nach, wie unsere Beziehung zu unseren Mitmenschen auch in fernen Ländern aussehen soll, und arbeiten daran, anstatt einfach nur dem vermeintlichen Recht des Stärkeren zu folgen. All das ist nicht nur gelebter Umweltschutz und soziale Verantwortung, sondern gelebte Demut vor unserem Gott.

Und damit sind wir bei dem, worum es letztlich in allen Bereichen unseres Lebens gehen sollte: darum, nur den Platz einzunehmen, der uns wirklich zusteht, das richtige Maß zu finden, Gott Gott sein zu lassen. Und in dieser Hinsicht müssen wir heute unser Leben tatsächlich von Grund auf ändern.

Fragen

- In welchem Bereich haben Sie am meisten den Eindruck, Sie müssten anders leben?
- Wie würde die andere Lebensweise konkret aussehen?
- Was hindert Sie daran, so zu leben?
- Welche praktischen Schritte möchten Sie gehen, um fortan anders zu leben?

„Vom Seufzen und Gestalten" – Spiritualität in der Schöpfungsgemeinschaft

Heinrich C. Rust

Am Anfang meines Nachdenkens über eine Schöpfungsspiritualität möchte ich uns an etwas Grundsätzliches in dieser pandemischen Zeit erinnern: Das Evangelium, die Gute Nachricht von Jesus Christus, wird niemals vom COVID-Virus befallen! Es trägt durch alle Zeiten hindurch und bewirkt Hoffnung, Trost und Begeisterung. Gleichwohl brauchen Menschen christlichen Glaubens immer wieder gerade diese Erinnerung. Zu leicht verirren wir uns im Gestrüpp der Sorgen, der Befürchtungen und irrigen Ansichten. Die weltanschaulichen Hochrechnungen mogeln sich unvermittelt in jede Krisenmeldung hinein. Der journalistische Mix von Berichten und Meinungen – nicht nur in den säkularen Medien – der logorrhöe Redeschwall in den Talkshows kann einen schon ermüden, statt Erleuchtung in die Dunkelheit zu bringen. So sind der Austausch, das gemeinsame Gespräch und Ringen um Klarheit und Orientierung unerlässlich. Isolation führt allzu leicht zur Verzweiflung. Doch auch wenn Christen ihre Hoffnung und ihren Glauben neu in das Evangelium eintauchen und gemeinsam in der Bibel lesen, auf die Stimme des Geistes hören und beten, werden ethische und spirituelle Fragen schnell zu Bekenntnisfragen, die geradezu ein Feuerwerk auslösen und uns das Blut in den Adern gefrieren lassen. Da können die unterschiedlichsten Meinungen, Bibelauslegungen oder Glaubensüberzeugungen in einer Gebetsgemeinschaft aufeinanderstoßen und das gemeinsame „Amen!" bleibt aus oder wird heimlich durch ein „Herr, vergib uns!" ersetzt.

1. Wird die „grüne Frage" zur Bekenntnisfrage?

Ist das „grüne Thema" nun ein weiteres Zerreißthema in unseren Gemeinden? Haben wir nicht schon genug an den sexualethischen Turbulenzen der letzten Jahre und den damit verbundenen hermeneutisch begründeten konfessionellen Purzelbäumen, Protektionen und Abspaltungen? Sollen zu den weltweit ca. 40 000 Denominationen nun noch einige dazu kommen, weil sie etwas grüner sind als die anderen? Sicher nicht! Doch die Dringlichkeit, Komplexität und Massivität der ökologischen Fragen kann nicht nur in einigen spirituellen Ergänzungen zum Ausdruck kommen.

Ich lade Sie einmal ein, bei einem kleinen Bibel-Gesprächskreis „Mäuschen" zu sein: Sie treffen dort etwa zehn Personen. Alle sind anwesend, aber nicht alle prägen das Gespräch; nur einige kommen zu Wort. Woche für Woche an jedem Mittwochabend kommen sie zusammen. Sie tauschen sich aus über ihr Erleben, ihre Gefühle und ihre Anliegen. Sie beten füreinander. Sie sind vertraut miteinander. Dann wird die Bibel geöffnet und sie lesen dort an diesem Abend das Wort Jesu aus Johannes 16,33: „In der Welt habt ihr Bedrängnis; aber seid guten Mutes, ich habe die Welt überwunden." Da sie diverse Bibelübersetzungen nutzen, unterhalten sie sich zunächst darüber, ob es einen Unterschied zwischen Angst und Bedrängnis gebe. Doch sogleich entwickelt sich ein leidenschaftlicher Austausch, so etwas wie ein „Schlagabtausch": Es wird „ausgeteilt", statt mitgeteilt. Da ist David, der behauptet schlicht, dass diese Welt sowieso bald untergeht. Deshalb sollen wir uns keine Sorgen machen. „Es wird immer schlimmer, aber das sind alles Zeichen, dass diese Erde kurz vor dem Ende ist!" Zustimmend nickt seine Freundin Martina und ergänzt, dass dann ja Jesus wiederkomme und alle Angst ein Ende habe. Doch das ist ja noch ein Weile hin, und so landen sie schnell wieder bei den gegenwärtigen Ängsten: Da sind etwa die chronischen Schmerzen von Anna, die immer stärker geworden sind. Sie weint. Fred tröstet sie und verweist auf die Heilungswunder in der Bibel. – „Aber was ist mit dem Weltklima? Heilt Jesus das auch?" Tanja ist eine junge engagierte Lehrerin und Mutter, die gern neben den seelsorgerlichen Fragen auch politische Themen im Kreis zur Sprache bringen möchte. Doch wie so oft erlebt sie betretenes Schweigen auf ihre Frage. Rudi, der Senior in der Gruppe, blättert in seiner zerlesenen Bibel. „Erdbeben, Flutkatastrophen, Sterne, die vom Himmel fallen", murmelt er. „Es sind die Wehen der Endzeit!" Tanja ist emotional so geladen, dass sie aufsteht und mit dem Fuß aufstampft: „Wehen der Endzeit? Soll das heißen, dass wir als Christen hier bei unserem Tee und Abendkeksen herumhocken und nichts dagegen tun sollen? Haben wir mit dem Klimawandel etwa nichts zu tun? Ich glaube, dass Gott uns wachrüttelt in dieser Zeit. Corona ist doch nur ein Schrei der Erde an uns Menschen. Gott hat uns schließlich diese Welt anvertraut. Wir sollen sie bewahren und pflegen!" – Simon unterbricht sie: „‚Bebauen und untertan machen', so lese ich es jedenfalls in meiner Bibel". – Tanja überhört bewusst den Einspruch und fährt fort „Ist Jesus denn nur für unser Seelenheil und uns persönlich zuständig? Da gibt es eine ganze Welt, die untergeht. Und wir gehen zur Tagesordnung über und beten, dass wir nach der Corona-Zeit genauso weitermachen können und unsere friedlichen alten Gottesdienste und Konferenzen haben wie zuvor? Aber wir alle hier ändern uns nur minimal. Hier und da einmal ein ‚grünes Gebet', das war's! Leute, so kann und darf es nicht weitergehen!" – Nach diesem Auftritt kann auch Elli nicht mehr ruhig bleiben. Sie ist sonst sehr verschlossen und denkt sich meist ihren Teil. „Corona ist doch nur gekommen, weil dahinter Leute stehen, die uns unseren Wohlstand nicht gönnen. Ihr könnt euch sicher denken, von wem ich spreche."

Sie können sich vorstellen, dass dieser Gesprächsabend nicht zur Begeisterung der Teilnehmer beigetragen hat, sondern wie eine Zerreißprobe dieser vertrauten Gemeinschaft war. Offenbar waren in dieser Christengruppe sehr unterschiedliche theologische Positionen vertreten und nicht nur das; Verschwörungstheorien und Empörungstheorien stießen aufeinander und schließlich war ein gemeinsames Gebet, geschweige denn eine gemeinsame Verständigung und Handlung kaum noch möglich.

Ich muss Ihnen nun allerdings gestehen, dass dieser Bibelkreis so niemals stattgefunden hat. Zum Glück gibt es wunderbare, aufbauende Zeiten in ungezählten Bibel-Gesprächskreisen, die uns aus der dürren Isolation unseres persönlichen Denkens herausführen. Das ist meines Erachtens das Normale. Ich muss Ihnen aber auch gestehen, dass das Spektrum von theologischen Positionen und Annahmen, welche ich uns in einem solchen fiktiven Kreis vorgestellt habe, nicht untypisch ist. Es gibt eine ganze Reihe von kirchlichen Gemeinden, die sich sehr wohl für den Klimaschutz einsetzen und hier vorbildlich gemeinsam voran gehen. Und doch hält sich die Begeisterung in Grenzen. Die

Bewahrung der Schöpfung ist zwar ein dringliches Thema, aber oft auch nur ein Randthema oder ein Thema für „Spezies", die dann mit immer neuen Katastrophenzahlen die Diskussion aufheizen.[1] Plastik sammeln, Fairtrade- bzw. Dritte-Weltläden, Carsharing und Photovoltaikanlagen auf dem Dach haben u.a. dazu geführt, dass Gemeinden mit Stolz einen „grünen Hahn"[2] bekommen haben.

Und doch brauchen wir mehr als „grünen Aktionismus". Es braucht ein radikales Umdenken und ein neues Verstehen der biblischen Texte. Es braucht eine „grüne Reformation"[3] der Kirche Jesu Christi in unserer Zeit! Krisenmanagement muss seine Nährwurzeln in einer ökologischen Theologie und Spiritualität finden, die gespeist ist von Hoffnung und Zuversicht. Wir, die wir uns in den evangelischen Freikirchen nicht nur in einer protestantischen Tradition ansiedeln, sondern ebenso in soteriologisch fixierten Heiligungs- und Reformtraditionen, welche die Gemeinde Jesu als „Kontrastgesellschaft" zum Rest der Weltbevölkerung deuten, haben bei allen vollmundigen Bekenntnissen eben diese Glaubenssätze neu im Licht des Evangeliums zu sichten.

Insofern begrüße ich es sehr, dass diese Theologische Woche 2021 im Bund Freier evangelischer Gemeinden in Deutschland einem so wichtigen Thema gewidmet ist. Die meisten Irrlehren und

1 Es ist sicher wichtig, sich einen guten Überblick zu verschaffen. Ich verweise dazu auf die Publikationen des Bundesministerium für Umwelt, Naturschutz und nukleare Sicherheit auf der Homepage des BMU : https://www.bmu.de-themen. Eine gute Zusammenfassung der Berichte der Weltklimagipfel und weiterer Fakten bietet das Onlinemagazin „klimareporter.info".

2 „Der grüne Hahn" – Management für eine Kirche mit Zukunft. https://www.gruener-hahn.net (8.3.2021).

3 Unter dem Motto „Grüne Reformation" fand im Juni 2017 in der Ev. Akademie Hofgeismar eine Tagung statt, die eine Synopse der gegenwärtigen Leitgedanken unter Einbeziehung der Impulse des Ökumenischen Rats der Kirchen und des Lutherischen Weltbundes erstellte und zugleich die ethischen und spirituellen Konkretionen beleuchtete. Leider wurden bei dieser Tagung keine freikirchlichen und orthodoxen Beiträge berücksichtigt. In einer Einleitung heißt es: „Brauchen wir eine grüne Reformation? Sicher ist: In einer Zeit der ökologischen Krise reichen grüne Gebete für die bedrohte Schöpfung nicht mehr aus. Vielmehr müssen Leitbilder und Grundorientierungen, religiös oder säkular, völlig neu durchdacht werden." Biehl, Michael/ Kappes, Bernd/ Wartenburg-Potter, Bärbel: Die Grüne Reformation. Ökologische Theologie. Hamburg 2017. S.5.

Kirchenspaltungen entstehen bekanntlich durch eine Reduzierung des Evangeliums oder durch eine Konzentrierung auf einige wenige Grundaussagen. Das wiederum verführt dazu, anderen Facetten der Guten Nachricht weniger Beachtung zukommen lassen bzw. sie zu ignorieren.

2. Die Korrelation von Theologie, Ethik und Spiritualität

„Sind Sie spirituell oder religiös, oder so etwas?" In kaum einer Talkshow fehlt inzwischen diese Frage, wenn es darum geht, Menschen besser kennenzulernen. Es ist wohl keinem heute noch wirklich peinlich, darüber zu reden. Das war vor einigen Jahren noch anders. Doch nicht immer wird dabei an einen Gottesbezug gedacht, oder womöglich auch an den Gott, von dem in den biblischen Schriften die Rede ist. Von „Spiritualität", „Religiosität", „Transzendenz" wird auch gesprochen, wenn in einer säkularen Welt ein Synonym für Gott definiert werden soll. Ist es nicht erstaunlich, wie selbstverständlich und inflationär das Wort „Spiritualität" im gegenwärtigen Sprachgebrauch aufgenommen wird, ohne dabei auch nur einen einzigen Gedanken an Gott zu verschwenden? So sprechen wir beispielsweise von Bio-Spiritualität, von Frauen- bzw. Männerspiritualität, von Work-Life-Spirituality oder sogar von einer „Spiritualität ohne Gott".[4] Nun liegt es mir fern, dieses neue Aufspüren einer spirituellen Dimension des Menschseins bzw. der Natur zu missachten. Es könnten Hoffnungs- und Denkkorridore sein, die neu zu der Frage nach einer ewigen Transzendenz, nach Gott und der Bibel führen. Wenn etwa der Religionssoziologe Hans Joas der „Fridays-for-Future" Bewegung einen religiösen Charakter zuordnet,[5] so können solche Beobachtungen zu

4 Es ist gibt nicht nur die Redeweise von einer profanen bzw. säkularen Spiritualität, sondern auch von der Spiritualität der Atheisten. Vgl. Comté-Sponville, André: Woran glaubt ein Atheist? Spiritualität ohne Gott. Zürich 2008.

5 Hans Joas im Interview im Tagesspiegel vom 20.4.2019. https://www.tagesspiegel.de/kultur/fridays-for-future-als-religion-alle-verehren-greta/24238760.html (zuletzt geprüft am 26.06.2021)

einem Dialog einladen, in welchem Christen ihr Verständnis von Spiritualität verdeutlichen. Ein solcher Dialog wird zudem auf eine Korrelation zwischen Theologie, Ethik und Spiritualität verweisen. Wenn wir lediglich eine verantwortliche menschliche Ethik in den Blick nehmen, ohne dabei den Bezug zu Gott, zu seiner Offenbarung und zu seinen Kräften zu beachten, so kann eine solche Verantwortungsethik gerade im Rahmen einer ökologischen Ethik auf der Strecke bleiben. Man entwickelt sich allzu schnell zu einem besserwissenden „Moralapostel". Krisenmanagement und verantwortliches Handeln können die menschliche Seele vertrocknen lassen, wenn keine Hoffnung in Sicht ist. Man denke nur an die Ermüdungserscheinungen nach einem Jahr Krisenmanagement in Corona-Zeiten. Es braucht ein Zukunftsnarrativ[6], welches ohne eine Besinnung auf „das Heilige" kaum auskommen wird (Hans Jonas).[7] Das neue Nachdenken über Religion, Transzendenz und eine „Selbsttranszendenz"[8] des Menschen und der Erde kann ein Ansatzpunkt werden für die Vorstellung des Dreieinen Gottes, der sich uns offenbart hat als Vater, Sohn und Geist.

Christliche Spiritualität definiert sich allerdings nicht nur anthropologisch oder in Beziehung zu den Humanwissenschaften. Sie geht prinzipiell aus von einer Wechselwirkung zwischen Transzendenz und Immanenz, zwischen der Offenbarung Gottes und der Glaubensreaktion des Menschen. Jürgen Moltmann spricht von einer „immanenten Transzendenz"[9]; Rudolf Bohren nimmt in diesem Zusammenhang Arnold van Rulers Formulierung einer „theonomen Reziprozität"

6 „Unsere Vorstellung von der Zukunft hat einen gewaltigen Einfluss auf das, was wir heute tun und was wir morgen sein werden." Steffens, Dirk/ Habekuss, Fritz: Überleben. Zukunftsfrage Artensterben. Wie wir die Ökokrise überwinden. München 2020. S. 237.

7 Jonas, Hans: Das Prinzip der Verantwortung. Versuch einer Ethik für die technokratische Zivilisation, Frankfurt a.M. 1985, S.55.

8 Der Begriff „Selbsttranzendenz" wurde vom katholischen Theologen Karl Rahner eingeführt, um die Spuren göttlichen Lebens in der Natur zu benennen. Gegenwärtig wird er ebenfalls losgelöst von Religion und Glaube verwendet: Joas, Hans: Braucht der Mensch Religion? Über Erfahrungen der Selbsttranszendenz. Freiburg 2004.

9 Moltmann, Jürgen: Der Geist des Lebens. Eine ganzheitliche Pneumatologie. München 1991. S.44f.

(gottbestimmten Wechselseitigkeit) auf.[10] In der orthodoxen Theologie der Ostkirche liegt der Akzent bei der göttlichen Aktivität, die auf eine Einwohnung Gottes in seine Schöpfung, eine „Vergöttlichung" (Theosis) konzentriert ist.[11] Die in Jena lehrende Theologin Corinna Dahlgrün schlägt folgende Definition vor:

> Spiritualität ist die von Gott auf dieser Welt hervorgerufene liebende Beziehung des Menschen zu Gott und der Welt, in der der Mensch immer von neuem sein Leben gestaltet und die er nachdenkend verantwortet.[12]

Gott und Welt sind demnach im Fokus zu behalten. Spiritualität ist nicht zu beschränken auf eine Verinnerlichung oder auf die neuentdeckten Reichtümer einer christlichen Mystik, sondern sie hat immer auch eine gestaltende Veräußerung, eine Gestaltungskraft und Verantwortung für andere. Dadurch verweist sie auf die Ethik. In seinen Briefen von 1944 erkennt Dietrich Bonhoeffer das Heraufziehen einer neuen Epoche, in welcher die menschliche Macht durch eine Ethik der Verantwortung reguliert werden muss. Dieser Wunsch treibt den prägenden Theologen des 20. Jahrhunderts an, sein großes Werk, die Ethik, zu verfassen. Zugleich bemängelt er die Konzentration auf die Soteriologie und mahnt die Einbeziehung der Erde an. Der christliche Glaube flieht nicht aus der Welt, sondern er ist der Glaube, „der in der Welt aushält und die Erde, trotz aller Not, die sie uns bringt, liebt und ihr treu bleibt."[13] Die konsequente Einbeziehung einer „Ethik der Erde"[14] stellt die Erde und den Kosmos gemeinsam mit den Menschen in eine dreidimensionale ökologische Spiritualität von Gott, Erde und

10 In seiner pneumatischen Homiletik beschreibt er diese Wechselwirkung zwischen Gott und Mensch. Vgl. Bohren, Rudolf: Predigtlehre. Gütersloh 1971.

11 Stanislao, Dumitru: Orthodoxe Dogmatik I, Gütersloh 1985. S.359.

12 Dahlgrün, Corinna: Christliche Spiritualität. Formen und Traditionen der Suche nach Gott. Berlin 2009. S.153.

13 Dietrich Bonhoeffer, zitiert bei Bismarck, Ruth-Alice/ Kabitz, Ulrich: Brautbriefe. München 1992. S.38.

14 Wegweisend hierzu: Rasmussen,Larry L.: Earth Community. Earth Ethics. Genf 1996. Müller-Fahrenholz, Geiko: Peace on Earth and Peace with the Earth. Serving the Goodness of God´s Creation. Genf 2008. Moltmann, Jürgen: Ethik der Erde. In: Ethik der Hoffnung. Gütersloh 2010.

Mensch. Spiritualität lediglich in der Ausformung weiterer Gebets-und Gottesdienstformen anzusiedeln, wird dem Anliegen nicht gerecht.

Jede ökologische Spiritualität wird in einer ökologischen Theologie und Ethik verwurzelt sein, wenn sie nachhaltig zu einer Transformation oder zu einer „grünen Reformation“ der Kirche Jesu in unserer Zeit ihren Beitrag geben will. So ist es meines Erachtens nicht verwunderlich, wenn die seit Jahrzehnten vorliegenden ethischen und spirituellen guten Ansätze zur Bewahrung der Schöpfung nur auf eine geringe Resonanz in den Gemeinden gestoßen sind. In welchen freikirchlichen Gemeinden haben folgende kirchliche Impulse denn eine wesentliche Rolle gespielt:

- Der „Konziliare Prozess der Gerechtigkeit, des Friedens und der Bewahrung der Schöpfung“ (Vancouver 1983)
- Die „Dekade zur Überwindung von Gewalt“ (Harare 1998)
- Der Aufruf zu einer gemeinsamen „Pilgereise der Gerechtigkeit und des Friedens“ (Busan 2013)
- Das „Manifest für eine ökologische Reformation der Christenheit“ (Volos 2016)
- Die Erklärung der Vereinigung Evangelischer Freikirchen, zu den „Zielen für nachhaltige Entwicklung (Sustainable Development Goals/ SDGs)“ (Fuldatal 2017)[15]

Thomas Kröck, Studienleiter für Christian Developement Studies bei der Akademie christlicher Führungskräfte hat gerade eine empirische noch unveröffentlichte Studie auf den Weg gebracht, die erschreckend dokumentiert, dass die Bewahrung der Schöpfung kein Herzensthema der Freikirchen ist. Dafür werden vor allen Dingen theologische Begründungen angeführt. Alle Theologie und Ethik und Spiritualität findet ihre Basis im biblischen Wort Gottes. Eine ökologische

15 Die 17 Ziele für nachhaltige Entwicklung (Sustainable Development Goals SDGs) sind am 25. September 2015 verabschiedet worden und traten mit einer Laufzeit von 15 Jahren (2030) am 1. Januar 2016 in Kraft. Der offizielle Titel lautet Transformation unserer Welt: Die Agenda 2030 für nachhaltige Entwicklung (Agenda 2030). https://de.wikipedia.org/wiki/ Ziele_für_nachhaltige_Entwicklung (25.9.2020).

Spiritualität lässt sich keineswegs nur als notwendige Ergänzung der praktischen Theologie anfügen. Sie geht über Fürbitten, Pilgerwege und Schöpfungsgedenktage hinaus. In einer Zeit der ökologischen Krise sind Leitbilder und Orientierungspapiere hilfreich, aber sie ersetzen nicht ein neues Nachdenken über gewachsene theologische Traditionen. Der Ruf nach einer „grünen Reformation" lädt ein zu einem theologischen Dialog, der sich nicht nur auf Schöpfungstheologie fixiert, sondern alle Bereiche theologischen Denkens und Forschens mit einbezieht. Sicher entstehen in einem solchen Dialog auch Diskurse, die wiederum zu Einseitigkeiten und neuen fatalen Reduzierungen der biblischen Wahrheit führen können. Es gilt, wachsam aufeinander zu hören und nach konkreten Gestaltungswegen zu fragen. Simone Sinn, Studienleiterin beim Lutherischen Weltbund, sieht in der „Metanoia" ein zentrales Stichwort in den öko-theologischen Entwürfen, es geht um Umkehr in Theologie, Ethik und Spiritualität.[16]

3. Aspekte einer ökologischen Theologie

3.1 Systematisch-theologische Aspekte: Schöpfung als Schöpfungsprozess

Nachdrücklich plädiere ich dafür, eine ökologische Spiritualität nicht allein an den Aussagen der Genesis zu orientieren, sondern Schöpfung als einen kontinuierlichen Prozess anzusehen, der mit der Auferstehung Jesu von den Toten den Weg zu einer neuen Schöpfung bereits geebnet hat. Schließlich ist der Ausblick auf den Weltensabbat, den Tag der ungetrübten Präsenz Gottes, dem Tag, an dem Himmel und Erde vollkommen verändert werden und erneuert sind, eine nicht zu überbietende Hoffnungsquelle.

Christlicher Glaube hat es mit der neuen Schöpfung zu tun. Dennoch fällt uns bei dem Wort „Schöpfung" spontan immer nur Genesis 1 ein. Dieser Schöpfungsbericht ist zwar biblisch, aber doch vorchristlich.

16 Sinn, Simone: Creation – Not for Sale: Gottes Gnade angesichts der ökologischen Krise, in: Biehl u.a.: Grüne Reformation. S. 171.

Jürgen Moltmann konstatiert: „Warum fällt uns immer die Schöpfung ‚im Anfang' ein und nicht die Schöpfung ‚am Ende', die alte Schöpfung und nicht die neue Schöpfung? Die Schöpfung im Anfang ist lediglich der erste Akt in einem offenen Schöpfungsprozess, der auf ein Ziel zuläuft und der erst vom Ziel und Ende her richtig verstanden werden kann. Wir können nicht länger die Eschatologie im Licht der Schöpfung, sondern die Schöpfung im Licht der Eschatologie verstehen, sonst verstehen wir die neue Schöpfung überhaupt nicht und verwechseln sie mit der Wiederherstellung der alten Schöpfung."[17]

Diese neue Schöpfung vollzieht sich in drei Bewegungen: 1. In der Auferstehung Jesu Christi in ein neues Leben, das den Tod überwunden hat. 2. In der Ausgießung des lebendigmachenden Geistes Gottes, welcher lebendige Hoffnung schafft und zu einer neuen Existenz befähigt (Röm 8,9-15; 2.Kor 5,17). 3. In der großen Transformation dieser vergänglichen Schöpfung in die neue, ewige Schöpfung, in welcher der Tod nicht mehr ist. In diesem Zusammenhang sei an die „Theosis"-Lehre der orthodoxen Kirchen erinnert, die jene „Einwohnung Gottes" in einer dreifachen Weise zuordnet: Es gibt die Spuren des Göttlichen (Vestigia Dei) in der paradiesischen Schöpfung, aber auch noch in der von Sünde gefallenen Schöpfung. Eine Verdichtung dieser Theosis-Erfahrung erfolgt durch die Gabe des Heiligen Geistes, die schließlich als Angeld einer zukünftigen vollkommenen Erfüllung des Kosmos, der mit Gott verbunden ist, gilt.[18] Die Verheißung der neuen Schöpfung von Himmel und Erde geht auf die alttestamentlichen Prophetenworte zurück (z.B. Jes 65,17; 43,18-19). Im Licht des Neuen Testamentes ist Christus der „Erstling der Entschlafenen" (1.Kor 15,20). Die neue Schöpfung ereignet sich im auferstandenen und erhöhten Christus, der durch den Heiligen Geist im Christenmenschen Wohnung nimmt. „Wenn jemand in Christus ist, so ist er eine neue Schöpfung; das Alte ist vergangen, Neues ist geworden" (2.Kor

17 Moltmann, Jürgen: Die ökologische Wende in der christlichen Tradition, in: Biehl u.a.: Grüne Reformation. S.35. Vgl. dazu: Moltmann, Jürgen: Die Hoffnung der Erde. Die ökologische Wende der christlichen Spiritualität, in: Ev.Th 74 (2014), 216-236; ders.: Schöpfung als offenes System, in: ders.: Zukunft der Schöpfung. Gesammelte Aufsätze. München 1977. S. 123-140.

18 Ausführlich dazu: Rust, Heinrich Christian: Geist Gottes – Quelle des Lebens. Grundlagen einer missionalen Pneumatologie. Cuxhaven ^{4}2019, S.141-180.

5,17). Die Erfahrung dieser Neu-Schöpfung wird nur möglich durch ein „Unterpfand" – die Anzahlung durch die Gabe des Heiligen Geistes (Eph 1,13-14). Doch durch diese Realerfahrung der neuen Schöpfung richtet sich der Glaubende auf die Vollendung der neuen Schöpfung mit Freude und Zuversicht aus. Der Christenmensch wird Träger und Vermittler einer lebendigen Hoffnung, da der „lebendigmachende Geist", wie das Nicänum den Heiligen Geist nennt, in ihm wohnt. Das neue Sein des Christen in Christus soll sich der Welt und dem Kosmos offenbaren. Auch da, wo der Mensch bereits die Erstlingsgabe des Heiligen Geistes empfangen hat, gibt es eine Sehnsucht nach der Vollendung der neuen Schöpfung. So, wie die Schöpfung seufzt und wartet, warten auch die Gläubigen auf das Offenbarwerden der vollkommenen neuen Schöpfung (Röm 8,18-23). Aus der Sicht der neuen Schöpfung erscheint alles in einem neuen Licht.

Die meisten dogmatischen Begründungen einer ökologischen Theologie und Spiritualität verankern sich jedoch bislang bei den Aussagen zur Schöpfung aus dem Buch Genesis. Sicher haben diese auch nach dem Sündenfall noch eine Bedeutung, wenngleich sie immer durch die Sünde getrübt sind. Welche Bedeutung aber hat das Erlösungsgeschehen durch Christus für die Menschheit, für die Natur, für alles Geschaffene? Was bedeutet es, dass mit dem Pfingstfest der Geist auf „alles Fleisch" – sprich: alles von Gott Geschaffene – ausgegossen ist? Und welche Bedeutung hat die Einwohnung des Geistes im Menschen, wenn in diesem Zusammenhang von einer neuen Geburt aus Wasser und Geist die Rede ist?

3.2 Schöpfungstheologische Aspekte: Relecture der Genesistexte

Ursprung und Ausgangspunkt der christlichen Theologie ist die biblische Theologie, welche eine biblische Hermeneutik der Texte voraussetzt. Gerade in Bezug auf die Schöpfungstheologie zeigen sich hier allerdings geradezu „toxologische" Denkmuster[19], die durch eine

19 Die Bibel ist nach Brigitte Kahl zur „theologischen Deponie für hochgradig to-

Relecture der Texte aufgedeckt werden sollen. Hierzu sollen an dieser Stelle nur einige Punkte konzentriert angeführt werden.

„Im Anfang" (Gen 1,1) – hebr. rosh – ist nicht primär linear-chronologisch als Zeitbestimmung zu sehen, sondern als „Ursprung", als „Beginnendes". Es kennzeichnet ein Spannungsfeld, welches alle Zeit umspannt. Schöpfung ist ein offenes System mit einer klaren göttlichen Matrix.[20]

„Alles", was Gott geschaffen hat, hat er als „sehr gut" angesehen (Gen 1,31), also nicht nur den Menschen. Darin wird ein Zustand vor dem Sündenfall beschrieben. Die Sünde hat diese Qualität Gottes zwar verbeult, aber nicht vollends geraubt. Es bleibt die Achtung vor allem Leben und das Staunen über die Großartigkeit göttlichen Schöpfungshandelns.

Aus der „Erde (hebr. erez) soll hervorgehen" (Gen 1,11.24.25). Der Erde ist demnach nicht leer und passiv, sondern energiegefüllt. Es geht um eine eigengesteuerte Reproduktion (V.11-12). Ebenso ist eine innewohnende „grünende Lebenskraft" durch den „Samen" erkennbar, die in Kooperation mit dem Schöpfungswerk der ersten beiden Tage erfolgt (Licht, Erde, Wasser). Die Artenvielfalt wird extra betont. In der ökologischen Relecture wird die Erde zuweilen als „Mitschöpferin" gesehen. Diese gesonderte Würde der Erde wird zudem in dem noahitischen Bund Gottes mit der Erde ausgemacht. „Meinen Bogen gebe ich in die Wolken, und er wird mir ein Zeichen des Bundes zwischen mir und der Erde sein" (Gen 9,13). Sie hat ein göttliches Existenz-und Bleiberecht.[21] Wenn sie allerdings neben Gott

xisches Denkmaterial geworden.": Kahl, Brigitte: Herrschaftsmandat als Herrschaftskritik: Grüne Hermeneutik im ersten Schöpfungsbericht der Genesis, in: Biehl u.a., Grüne Reformation. S. 58. Vgl. dazu ebenfalls: Janowski, Bernd: Gott in der Schöpfung. Beiträge zur Theologie des Alten Testaments. Neukirchen-Vluyn 2008.

20 Hier knüpft ebenfalls J. Moltmann an bei seiner These „Schöpfung als offenes System", vgl. Moltmann, Zukunft. S. 123-140.

21 Die Erd-Charta 2000, die maßgeblich vom Theologen Leonardo Boff mitgestaltet wurde, hat den Diskurs um die Rechte der Erde in den letzten Jahren angeführt. hhttp://erdcharta.de/die-erd-charta/der text (1.3.2020). Die Erd-Charta wurde bereits 1987 auf Empfehlung der Kommission der Vereinten Nationen für Nachhaltige Entwicklung angeregt, um grundlegende ethische Prinzipien für eine nachhaltige Entwicklung für einen völkerrechtlichen Vertrag zu formulieren. Auf

dem Schöpfer verehrt wird wie eine autonome Schöpferin, so wird der Bogen überspannt. Hier ist nicht nur ein Pantheismus gegeben, welcher aus der Achtung der Erde eine Vergöttlichung macht, sondern es ist der Gefahr zu wehren, in eine Naturreligion zu verfallen, die Gott als Schöpfer kaum noch zu erkennen glaubt.[22] Dabei nehmen Texte zur ökologischen Theologie vielfach Bezug auf die sog. Gaia-Theorie des britischen Astrophysikers James E. Lovelock[23], welche davon ausgeht, dass die Erde keine tote Materie, sondern ein einziger großer zusammenhängender Organismus ist. So wird sie als „Mutter Erde“ (Jesus Sirach 40,1) oder als „Gaia“ angesehen oder verehrt.

Der Mensch soll sich von den Pflanzen ernähren (Gen 1,29-30). Erst nach der Sintflut wird diese vegane Ernährungsweise modifiziert, sodass auch Tiere zur Ernährung dienen können, allerdings unter der „Blut-Einschränkung“ (Gen 9,3-4). Eine vegane oder vegetarische Ernährungsweise mag aus gegenwärtigen ökologischen Erwägungen äußerst sinnvoll sein, sie ist jedoch biblisch nicht geboten.

Der Mensch wird schließlich am sechsten Schöpfungstag als Mann und Frau erschaffen (Gen 1,27). Leben gab es auf der Erde schon vor dem Menschen und ist demnach nicht vom Menschen abhängig. Die Erde kann ohne die Menschheit existieren, die Menschheit aber nicht ohne die Erde. Der Mensch ist von der Erde abhängig.

dem Weltgipfel für nachhaltige Entwicklung in Johannesburg 2002 wurde sie allerdings weder diskutiert noch angenommen. Da es sich um eine umfassende Deklaration handelt, welche neben den beiden klassischen Säulen der UN-Charta und der Menschenrechtskonvention eine dritte Säule auf der Suche nach weltweit geteilten Werten im Verhältnis des Menschen zu seiner Umwelt aufnimmt, regte man jedoch ein mehrjähriges Bildungsprogramm an (Educating for Sustainable Living with the Earth Charter).

22 „Eine expressionistisch-emotionale sowie antirationale Weltsicht, wie sie sich in den boomenden naturesoterischen Bewegungen wiederfindet, erweist sich als wenig hilfreich, ja kontraproduktiv, wenn es darum geht, ökologische Lösungsansätze zu thematisieren. In ihren extremen Ausprägungen führt sie zudem zu einem Neuheidentum oder einem Pantheismus, der aus theologischen Gründen für ChristInnen keine annehmbare Option ist.“ Gabriel, Ingeborg: Die Ökologie als Frage nach dem neuen Menschen, in: Biehl u.a.: Die grüne Reformation. S.93.

23 „Gaia“ ist der Name der altgriechischen Erdgöttin. Vgl. Lovelock, James E.: Unsere Erde wird überleben, München 1982. Leonardo Boff bezieht sich stark auf die Gaia-Theorie, u.a. in: Boff, Leonardo: Befreite Schöpfung, Kevelaer 2016. S. 259f.

Nur vom Menschen heißt es, dass er „nach dem Bilde Gottes" gebildet wurde (Imago Dei). Er wird nach dem ersten Schöpfungsbericht von Gott eingesetzt, die Erde zu „beherrschen und zu unterwerfen" (Gen 1,26-28). Wenngleich die hier verwendeten Begriffe ein Herrschaftsmandat anzeigen, müssen sie im Sinn einer biblischen Polyphonie als „Dienstmandat" gedeutet werden. So ist im sog. zweiten Schöpfungsbericht der Mensch zum „bedienen" und „bewahren (hebr. abad)" berufen. Eine „Herrschaft" des Menschen über die Erde oder seine sog. Umwelt wird im Sinn eines Dienstes und einer Pflege der Erde zu deuten sein und nicht im Sinn einer Vorherrschaft und Unterdrückung oder Ausbeutung. Die Offenbarung in Christus verdeutlicht, dass Herrschaft immer das Leben fördern soll, sie ist ein Dienst (Mt 23,11).

Häufig wird der Mensch auch als „Krone der Schöpfung" bezeichnet. Wenngleich dem Menschen in der Schöpfungsgemeinschaft ein herausragendes Dienst- und Nutzungsmandat übertragen ist, wenn er „wenig geringer gemacht ist als die Engel (hebr. Elohim – Gottwesen) und mit Herrlichkeit und Pracht gekrönt ist" (Ps 8,6-7), so ist er nicht als die „Krönung" der Schöpfung anzusehen. Es folgt immerhin noch ein weiterer Schöpfungstag (Gen 2,2). So wird der Sabbat in herkömmlicher Hermeneutik kaum beachtet als Schöpfungswerk. Der Sabbat käme aber dem Gedanken der Krönung sehr nahe. Er ist Teil der Ökologie Gottes. Beachtenswert ist, dass der wöchentliche Sabbat, aber auch der Sabbat der Erde in der mosaischen Gesetzgebung verankert sind (Ex 23,11; Lev 25,1). Das Werden einer vollkommenen Schöpfung, in welcher Gott „alles in allem ist", wird in jüdischer Theologie auch als „Weltensabbat" angesehen. Dabei ist nicht an ein Ende der Schöpfung gedacht, aber an ein Ausmaß an Kreativität, das von Vergänglichkeit und Erschöpfung nichts mehr weiß. Es ist eine Ruhe, die aller Erschöpfung ein Ende bereitet. In Christus kündigt sich der Weltensabbat an. Für seine Jüngerschaft gilt, dass eine „Ruhe" vorhanden ist, dass Erschöpfung nicht mehr in dieser Schöpfung das letzte Wort haben muss (Mt 11,28-30).

3.3 Christologische und trinitarische Aspekte

Die ökologische Relecture der Genesistexte erteilt einer anthropozentrischen Lesart eine klare Absage. Erstaunlich ist allerdings, dass der Blick auf die Schöpfungstexte des Neuen Testamentes in vielen Entwürfen nur einer Randnotiz ähnelt. Christus ist nicht nur Mensch, sondern zugleich „Fleisch"- Geschöpf (Joh 1,14) geworden. Er war „am Anfang", er ist das Ebenbild des lebendigen Gottes. „Alles ist durch ihn und zu ihm hin geschaffen; und er ist vor allem, und alles besteht durch ihn" (Kol 1,17 Vgl. Eph 1,10; Hebr 1,1-3). In einer Neubesinnung zur Schöpfungstheologie ist nicht nur eine neue Auslegung der Schöpfungstexte der Genesis gefragt, sondern eine Neuorientierung der Schöpfung als trinitarisches Werk Gottes des Vaters, des Sohnes und des Heiligen Geistes. Der Geist Gottes war zu Beginn alles Schöpfungsgeschehens. Alles, was Odem hat, lebt durch den Geist (Hiob 33,4; Ps 104,30, Weish 1,7). – Der Geist Gottes ist es, der in jedem Christenmenschen eine ewige Grundlage, eine Quelle des neuen Lebens öffnet, die niemals aufhört. Ohne den Geist Gottes ist keine Neuschöpfung denkbar. Auch in der Vollendung, wenn Erde und Himmel vollends in Gottes Gegenwart sind, ist der Geist aktiv als Geist des Lebens und der Heilung. Im Zentrum einer biblisch-ökologischen Theologie, Ethik und Spiritualität steht der Dreieine Schöpfergott und nicht der Mensch oder die Erde. Die Redeweise vom Anthropozän ist demnach irreführend.

Eine ökologische Theologie hat einer Verherrlichung des Menschen, die ihn schließlich nicht nur als „Herrscher über die Natur", sondern auch über alles Wissen und Sein, als „Homo Deus"[24] sehen will, ebenso entschieden zu wehren, wie einer Verherrlichung bzw. Vergöttlichung der Erde, die als Mutter alles Lebens, als Mitschöpferin oder „Gaia" verehrt wird. Zudem ist in einer christlichen ökologischen Ethik und Spiritualität daran festzuhalten, dass in dieser Weltzeit die zerstörerische Macht des Bösen und die damit verbundenen Ein-und Auswirkungen des Bösen auf Mensch und Natur nicht nur als Randnotizen zu bedenken sind. Ohne Erlösungskraft wird es weder einen neuen Menschen, noch eine neue Erde noch einen neuen Himmel geben.

24 Vgl. Harari, Yuval: Homo Deus: Eine Geschichte von Morgen. München 2017.

3.4 Soteriologische und eschatologische Aspekte

„Die Erde tue sich auf und bringe Heil, und Gerechtigkeit wachse mir zu. Ich, der Herr, schaffe es“ (Jes 45,8). Nach alttestamentlicher Verheißung wird der Messias zwar von Jahwe ausgehen, das messianische Geschehen ereignet sich aber auf der Erde. Der Messias wird als „Spross des Herrn“ und zugleich als „Frucht der Erde“ (Jes 4,2) gedeutet. Die Erde ist Empfangende und Hervorbringende zugleich. Nach der christlichen Versöhnungslehre hat Gott durch das Kommen, Sterben und Auferstehen Christi die Welt (kosmos) mit sich versöhnt und nicht nur die Menschen. „Gott war in Christus und versöhnte die Welt mit sich selbst“ (Kol 1,20). Das „Lamm Gottes“ trägt die „Sünden der Welt“ und nicht nur die Sünden der Menschen. Die Vergänglichkeit und der Tod als Folgen der Sünde treffen Mensch und Tier, ja das ganze Universum. Beim Sterben Christi am Kreuz kommt eine dreistündige mittägliche Finsternis über das Land (Mk 15,33). Im Äquivalent zur Sünde des Menschen bäumen sich hier die finsteren „Gewalten und Mächte“ der Gottlosigkeit auf, die Christus durch seinen Tod und seine Auferstehung „völlig entwaffnet und sie öffentlich zur Schau gestellt“ hat (Kol 2,15). Dem auferstandenen und erhöhten Christus, der „über jede Gewalt und Macht und Kraft und Herrschaft und jeden Namen, der nicht nur in diesem Zeitalter, sondern auch in den zukünftigen genannt werden wird“, ist „alles unterworfen“, auch der Tod (Eph 1,20-22; 1Kor 15,24-28). Die lebendigmachende Kraft des Auferstanden wird vor seiner Wiederkunft von der Erde nicht befürchtet, sondern sehnsüchtig erwartet. „Das sehnsüchtige Harren der Schöpfung wartet auf die Offenbarung der Söhne Gottes. Denn die Schöpfung ist der Nichtigkeit unterworfen, … dass auch selbst die Schöpfung von der Knechtschaft der Vergänglichkeit frei gemacht wird zur Freiheit der Herrlichkeit der Kinder Gottes. Denn wir wissen, dass die ganze Schöpfung seufzt und zusammen in Geburtswehen liegt bis jetzt“ (Röm 8,19-22). Der Kosmokrator Christus wird von Christen aufgrund des Empfangs der Gabe des Heiligen Geistes und des ewigen Lebens in der Verkündigung bezeugt. Die Erde und der gesamte Kosmos sind ebenso wie der Mensch Empfänger der

Erlösung. Ein isoliertes Seelenheil des Menschen ist dem biblischen Zeugnis fremd.[25]

Die eschatologische Dimension einer ökologischen Theologie klingt in den alttestamentlichen messianischen Verheißungsaussagen an.[26] „Die Erde ist voll der Erkenntnis des Herrn" (Hab 3,14), und sie „freut sich und jauchzt" angesichts der erwarteten „Herrlichkeit", die das Land erfüllen wird (Jes 32,14-16). Auch hier ist schon die Verheißung eines „neuen Himmels und einer neuen Erde" gegeben (Jes 65,17-18). Im neutestamentlichen Zeugnis wird dieses Verständnis von einem „neuen Himmel und einer neuen Erde" deutlich (Offb 21; 2.Petr 3,13). Was aber unterscheidet die neue Erde von der alten Erde? Es ist das Ende der Vergänglichkeit, die einwohnende Gerechtigkeit Gottes: Gott wird „bei ihnen wohnen und sie werden sein Volk sein" (Offb 21,3). Die neue Schöpfung wird eine ewige Schöpfung sein. Jetzt schon erfahren Christen, die eine Neugeburt durch „Wasser und Geist" erleben, was die Erbmasse dieses ewigen Lebens in Christus ist. Sie haben bereits in dieser Zeit, die deutlicher denn je, die Macht der Vergänglichkeit und des Todes zeigt, eine Hoffnung und ein Wissen von der Vollendung der Schöpfung.

4. Konturen einer ökologischen Spiritualität

Christliche Spiritualität korrespondiert mit Theologie und Ethik. Ökologische Spiritualität ist demnach nicht lediglich als Teilbereich der Praktischen Theologie angesiedelt, sondern spiegelt die weitreichenden Positionen einer ökologischen Theologie und Ethik wider, die sich im Sinn einer Relecture und eines Lösens aus einer

25 Dietrich Bonhoeffer stellt infrage, ob das Seelenheil des Menschen überhaupt im Mittelpunkt alttestamentlicher Verheißungen stehe: „Gibt es im Alten Testament überhaupt die Frage nach dem Seelenheil? Ist nicht die Gerechtigkeit und das Reich Gottes der Mittelpunkt von allem?" Bonhoeffer, Dietrich: Widerstand und Ergebung. Briefe und Aufzeichnungen aus der Haft, München 1951, S. 184.

26 Vgl. Kraus, Hans-Joachim: Systematische Theologie im Kontext biblischer Geschichte und Eschatologie. Vgl. dazu: Afflerbach, Horst/ Ebeling, Rainer/ Meier, Elke (Hrsg.): Reich Gottes. Veränderung. Zukunft. Theologie des Reiches Gottes im Horizont der Eschatologie, Gummersbach 2014.

anthropozentrierten Theologie erklären. So wird z.B. der Begriff „Umwelt-Ethik" nur noch zurückhaltend verwendet, da er Welt und Mensch im Subjekt-Objekt-Denken voraussetzt. Ebenso sind die sozialethischen Forderungen deutlicher zu artikulieren, allerdings ist Ethik im Sein und nicht im Denken und Handeln allein angesiedelt. Es geht also nicht nur um neue Denk-und Handlungshorizonte. Die Frage nach dem neuen Menschen, der von Dankbarkeit und Demut geprägt ist, wird im ökologischen Dialog zunehmend zur Sprache gebracht.[27] Eine christliche ökologische Spiritualität wird sich in einer von Demut gekennzeichneten Grundhaltung der Menschheits-Solidarität und einer Bio-Solidarität mit allen Geschöpfen Gottes in das Ringen um die Zukunft der Erde einbringen. Mutiger und entschlossener könnten hier die Hoffnungsanteile aufleuchten, die sich aus der Erfahrung einer neuen Kreatur und der Erwartung eines „neuen Himmels und einer neuen Erde" ergeben. Das Reich Gottes hat eine diesseitige und eine jenseitige Dimension, die beide in diesem Dialog beachtet werden müssen. Zudem kann an dieser Stelle nur darauf hingewiesen werden, dass die Gemeinde Jesu nicht nur einen „neuen Menschen" kennt, sondern auch eine „neue Gemeinschaft", eine zukunftsträchtige Sozialform des Lebens, welche Freundschaft, Bruderschaft und Solidarität neu formuliert, lebt und dazu einlädt.[28] Hierzu braucht es allerdings ein konzentriertes Fördern des neuen Menschen in Christus. So verbindet sich ökologische Spiritualität mit einer Nachfolgeethik.[29] Zudem ist die missionale, transformierende Existenz der Ekklesia verstärkt in den Blick zu nehmen.[30] Die Gemeinde Jesu ist nicht nur für die Menschen da, sondern auch als Hoffnungsträgerin für eine Erde, die seufzt. Im Folgenden seien an dieser Stelle einige Anregungen skizziert, die sich aus einer Schöpfungsgemeinschaft in

27 Vgl. Gabriel, Die Ökologie .S.83-108.

28 Vgl. Großmann, Siegfried: Hoffnung gewinnen, Wuppertal/Kassel 1986. S.219-227.

29 Vgl. Sudgen, Christopher: Radikale Nachfolge: Impulse zu einem zeichenhaften leben. Witten 1983.

30 Vgl. Faix, Tobias/ Reimer, Johannes/ Brecht, Volker: Die Welt verändern. Grundfragen einer Theologie der Transformation. Marburg 2009. Reimer, Johannes: Churches for Future: Warum sich Christen für den Erhalt der Schöpfung einsetzen sollten. Mittenaar 2021.

einer christlichen ökologischen Spiritualität ergeben und über „grüne Gebete“ und Moralansprüche hinausweisen wollen. Dabei gilt es, die unterschiedlichen Plateaus ethischen Handelns nicht aus dem Blick zu verlieren. Ökologische Spiritualität ereignet sich auf mehreren Ebenen:

Individuell

Gemeindlich

Regional- Überregional

4.1 Mit der Schöpfung verkündigen und mahnen

Selbst in der vom Gesetz des Todes und der Vergänglichkeit gezeichneten vorfindlichen Natur spüren Christen die „Vestigia Dei“, die Spuren Gottes auf. Die Erde mit allem Lebendigen ist für sie nicht nur Materie, sondern ein Mitgeschöpf. In einer ökologischen Spiritualität achten wir auf die Predigt der Schöpfung, die etwas von der Größe, der Herrlichkeit und Schönheit Gottes „erzählt“ (Psalm 104). Eine Schöpfung, die in Vorfreude auf die Vollendung sich „freut und fröhlich ist“ (Jes 49,13; Ps 96,11), die einlädt zu einer staunenden, anbetenden Freude und Dankbarkeit. Der Gottesdienst ereignet sich mit jedem Atemzug und Augenblick, mit allen Sinnen der Wahrnehmung. Für Calvin ist diese Verkündigung Gottes, des Schöpfers

> …im ganzen Bau der Welt derart offenbart, … dass die Menschen ihre Augen nicht aufmachen können, ohne ihn notwendig zu erblicken. Wohin man die Augen blicken lässt, es ist ringsum kein Teilchen der Welt, in dem nicht wenigstens irgendein Fünklein seiner Herrlichkeit zu sehen wäre.[31]

31 Calvin, Johannes: Unterricht in der christlichen Religion I, 5.1. Übersetzt von Otto Weber, Neukirchen-Vluyn 1955.

In dieser Zugehörigkeit alles Lebendigen zum lebensspendenden Gott basiert eine umfassende Solidarität, die gelebt werden muss. Sie eröffnet neue Vertrauensräume in einer von Protektionismus und Egoismus verschlossenen Lebenswirklichkeit. Sie spürt das Heilige auf und weist sogleich auf den Heiligen hin, der sich in Christus offenbart hat.[32] Denn die von der Vergänglichkeit geprägte Schöpfung ist nicht nur Verkündigerin der großen Werke Gottes, sondern sie mahnt zugleich, Gott nicht zu vergessen. In dieser Weise wird sie Menschen zur Verantwortung vor Gott rufen (Röm 1,20-21; Ps 90,12). Die Erde und alle ihre Energien sind bereits hineingenommen in das Versöhnungs- und Erlösungsgeschehen durch Christus. Dennoch warten sie auf das Offenbarwerden (Röm 8,19). Sie erzählen nur konturenhaft von dem Christusgeheimnis, welches die „Kinder Gottes" schon hier und jetzt bezeugen (Kol 1,26-28). Gleichwohl erinnert die gegenwärtige Natur an die Gesetzmäßigkeit des Todes, die bis zur Wiederkunft Jesu noch aktiv ist, aber endlich sein wird. Christliche ökologische Spiritualität verschweigt nicht die Erlösung und die Vollendung der Schöpfung. Sie ist gegründet in einer kosmologischen Christologie und Soteriologie und einer eschatologischen Freude und Zuversicht. Eine verkündigende Gemeinschaft mit der Schöpfung erweist sich beispielhaft in einem direkten Dialog nach franziskanischer Weise (Sonnengesang des Franz von Assisi)[33], in einer wertschätzenden Achtung allen Lebens oder auch im wertschätzenden Dialog mit anders Denkenden und Glaubenden.[34]

32 Die veränderte Wahrnehmung ist ebenfalls Grundlage des IUNTUS-Spiritualitätsmodells: „Im Zeitraum des Modells stehen individuelle Erfahrung des Heiligen im Leben einer Person sowie die sich daraus ergebenden Auswirkungen und Haltungen." Büssing, Arndt: Transformative Aspekte der Spiritualität. Die Haltung und Zuwendung zum Anderen. In: Dienberg/Winter: Mit Sorge, S. 101.

33 Kuster, Niklaus: Mit der Schöpfung den Schöpfer feiern. Spiritualität und Botschaft im Sonnengesang des Franz von Assisi, in: Dienburg,Thomas/ Winter, Stephan (Hg.): Mit Sorge – in Hoffnung. Zu Impulsen aus der Enzyklika Laudato Si' für eine Spiritualität im ökologischen Zeitalter, Regensburg 2020, 37-62.

34 „Wir brauchen heute eine neue ökumenisch-ökologische Bewegung, in der es anders als in den Vorläufer-Bewegungen nicht mehr nur zentral um die Versöhnung des Menschen mit Gott oder um die Versöhnung der Konfessionen miteinander, sondern auch um die Versöhnung der menschlichen Zivilisation mit der Erde geht." Werner, Dietrich: Brauchen wir eine ökologische Reformation?, in: Biehl u.a., Grüne Reformation, S. 153.

4.2 Mit der Schöpfung leiden und seufzen

„Denn wir wissen, dass die ganze Schöpfung zusammen seufzt", heißt es bei Paulus (Röm 8,22). In diesem Seufzen und Stöhnen einer von Tod und Vergänglichkeit gezeichneten Natur kommen die vielen Schreie der Ungerechtigkeit, der Vergewaltigungen und Quetschungen des geschaffenen Lebens vor; das erdrückende Unrecht und Leid dieser Weltzeit. Ich spreche von den weinenden Gletschern, den Todesschreien dahingemetzelten menschlichen, tierischen und pflanzlichen Lebens, dem Kollaps ausgeraubter Landschaften oder der Verwirrung einer kosmischen Atmosphäre, die eine Weltkrise nach der anderen zeitigt. Sicher ist hier im Sinn einer Verantwortungsethik anzusetzen, wenn der Mensch als Mitverursacher des Leidens auf den Plan tritt. Und dennoch bleibt auch über dem Leiden dieser Welt der Schleier eines Geheimnisses, welches keine für den Verstand schlüssige Antwort auf das „Unde Malum" gibt.

Eine ökologische christliche Spiritualität weiß von der Einwohnung Gottes mitten im Leiden.[35] Dietrich Bonhoeffers vielzitierte Aussage, dass nur noch der „leidende Gott" helfen könne, ist nicht nur angesichts des Weltendesasters nach den Weltkriegen zu verstehen. Es ist auch keine Bankrotterklärung der Christen bzw. des Christus angesichts des Leides, sondern ein unübersehbares Solidaritätszeichen Gottes, welches in der Menschwerdung und im Kreuz Christi seinen Ausdruck findet. Fragen wir in einer hoffnungsberaubten Welt nach den Quellen für eine Resilienz, eine Überwinderkraft in allem Leiden, so verweist die christliche Spiritualität zu allen Zeiten auf den Gekreuzigten.[36] Hier erlebt sich der leidende Mensch als ein von Gott Geliebter. In aller Gottverlassenheit wendet er sich klagend, fragend,

35 Dazu: Keller, Timothy: Gott im Leid begegnen. Gießen 2015. Rust, Heinrich Christian: Heilen – Trösten – Begleiten. Die Heilungskompetenz der Gemeinde Jesu. Cuxhaven 2019, S.61-119. Ders.: Und wenn die Welt voll Teufel wär. Christen in der Auseinandersetzung mit dunklen Mächten. Schwarzenfeld 2017, S.96-102.

36 Der Neuropsychiater und „Vater der Resilienzforschung" Boris Cyrulnik hebt besonders die christliche Spiritualität in diesem Zusammenhang hervor. Cyrulnik, Boris: Glauben. Psychologie und Hirnforschung entschlüsseln, wie Spiritualität uns stärkt. Weinheim 2018.

seufzend an diesen verborgenen Gott, der doch im Gekreuzigten den Menschen und seiner Schöpfung so nahe ist. In Anlehnung an ein Wort, welches Cyprian zugeschrieben wird, unterstreichen wir: Wer bei Christus eintaucht, wird immer bei den Armen und Leidenden dieser Welt wiederauftauchen. Christliche ökologische Spiritualität wird nicht nur das Sterben der Wälder, die Versteppung ganzer Landschaften und die Reduzierung der Artenvielfalt im Blick haben, sondern sie führt zu einer Gotteserfahrung mitten im Leiden, in der Armut und im Sterben. Sie gibt dem Seufzen einer missbrauchten und ausgebeuteten Erde Worte des Klagens, Tränen der Trauer und des Schmerzes. Sie sucht Orte dieser Zerrissenheit auf, nicht nur in einer Überwinder- und Transformationsmentalität, sondern in der Solidarität des Christus mit aller Kreatur, die vernachlässigt, verhandelt, verbraucht und missbraucht wird. Die vom Heiligen Geist gewirkten Charismen, die wie Einzelausgaben der „Kräfte der zukünftigen Welt“ (Hebr 6,5) gedeutet werden können, ereignen sich nicht nur in einer neuen Kommunikation und Sprache, in prophetischen Offenbarungen, Heilungen und Kraftwirkungen, sondern in gleicher geistlicher Dichte in Hilfeleistungen, Barmherzigkeit, Zuspruch und Beistand (Paraklesis) oder in einem sich hingebenden Dienst (Diakonie).[37] Sie sind konkrete Ausdrucksformen der Kenosis Gottes (Phil 2,7), die nicht festhält, sondern teilt, loslässt, sich hingibt. Auch hier reihen sich Christen in den Konvoi der Barmherzigen ein.[38] Sie isolieren sich nicht als die „Besseren“, sondern verbinden Gottesliebe mit der Nächstenliebe, mit der Liebe zu allen Geschöpfen Gottes. Dabei nehmen Christen im Kleinen, im Zerbrochenen und Armen das konkrete Gegenüber wahr, und sie erkennen gleichfalls in diesem Gegenüber Christus selbst, der sich mit den Geringen solidarisiert (Mt 25,40). So wird die aufsuchende Barmherzigkeit, Seelsorge und Diakonie zu einem Ort der mittelbaren Gotteserfahrung.

37 Vgl. dazu: Rust, Heinrich Christian. Charismatisch dienen. Gabenorientiert leben. Kassel 2008. Ders.: Quelle des Lebens. S. 267-322.

38 Der IV. Apostolische Weltkongress für Barmherzigkeit fand 2017 in Manila mit über 4000 Teilnehmenden statt.

4.3 Mit der Schöpfung erwarten und hoffen

„Die ganze Schöpfung wartet auf das Offenbarwerden der Kinder Gottes“ (Röm 8,19). Dieses Warten gleicht einem zuversichtlichen, zielgerichteten Vertrauen, das die Schöpfung direkt mit jenen, die bereits die Erstlingsgabe des Geistes haben, teilt. „Nicht allein aber sie, auch wir selbst, die wir die Erstlingsgabe des Geistes haben, auch wir selbst seufzen in uns selbst und erwarten die Sohnschaft; die Erlösung des Leibes. Denn auf Hoffnung hin sind wir gerettet worden. Eine Hoffnung aber, die gesehen wird, ist keine Hoffnung. Denn wer hofft, was er sieht? Wenn wir aber das hoffen, was wir nicht sehen, so warten wir mit Ausharren“ (Röm 8,23-25). In der christlichen ökologischen Spiritualität nehmen wir die eschatologische Schöpfungsgemeinschaft wahr.[39] Wir artikulieren unsere Hoffnung auf Vollendung, auf den Tag des Herrn, den Weltensabbat, auf den neuen Himmel und die neue Erde, auf den Tod der Todesmacht und das Ende der Vergänglichkeit.

Siegfried Großmann hat diese eschatologische Dimension in seiner ethischen Konkretion als Hoffnungs-Pfade beschrieben[40]: Zunächst gilt es, Hoffnung zu gewinnen und zu artikulieren. Hoffnungspfade nehmen Christen wahr als „Partner Gottes“. Zu einem Hoffnungspfad gehören auch die Information und Kommunikation, die sich nicht nur auf die Defizite, sondern auf die Verheißungen Gottes und die damit verbundenen Möglichkeiten konzentrieren. Hoffnungspfade sind im persönlichen Alltagsleben zu beschreiten, ebenso zeigen sie sich durch die Übernahme von gesellschaftlicher Verantwortung. Nicht zuletzt sind diese Hoffnungspfade gemeinsam zu gehen, in der Einbindung in das Netzwerk alternativer Gruppen und einer christlichen Gemeinde. Christliche ökologische Spiritualität beschreitet Wege. Auch wenn der konkrete Zielhorizont noch verschwommen oder unerreichbar scheint, so leuchtet doch das Licht der Hoffnung auf die Vollendung umso heller. Diese Hoffnung ist nicht mit einer Utopie zu verwechseln, sie gründet sich auf die alles entscheidende Grundlage

39 Vgl. Müller-Fahrenholz, Geiko: Heimat Erde. Christliche Spiritualität unter endzeitlichen Bedingungen. Gütersloh 2013. Voges, Stefan: Christlicher Schöpfungsglaube heute: Spirituelle Oase oder vergessene Verantwortung? Ostfildern 2020.

40 Vgl. Grossmann, Hoffnung gewinnen. S. 227-261.

der Auferstehung Jesu und der damit verheißenen Auferstehung der Geschöpfe. Die christliche eschatologische Hoffnung ist nicht von Sorgen gekennzeichnet, sondern von einer Vorfreude, dass alle Ungerechtigkeit gerichtet wird, dass Licht in die finstersten Ecken der Welt scheinen wird. Sie ist durchflutet von dem Licht des erhöhten Christus, dem Alpha und Omega aller Schöpfung, alles Seins.

Sundays for Future. Schöpfungsverantwortung in der Johannesoffenbarung

Ansgar Wucherpfennig

Ein Tag für die Zukunft der Schöpfung

Die ganze Schöpfung lobt Gott. Das ist eine Überzeugung der Bibel, und ihr wird in der theologischen Ökologie-Diskussion zu wenig Beachtung geschenkt.[1] Franz von Assisi hat zum Lob der Schöpfung seinen Sonnengesang gedichtet, den Cantico delle creature, und der aktuelle Papst, der sich nach Franz von Assisi benannt hat, hat seine Enzyklika zur Bewahrung der Schöpfung nach dem Refrain des Sonnengesangs Laudato Si' benannt.

In der Bibel spricht etwa Psalm 103 von dem Gotteslob der gesamten Schöpfung. Dieser Psalm vergleicht Gottes Erbarmen mit dem Erbarmen eines Vaters für seine Kinder, und vermutlich hat er Jesus bei dem Gebet des Vater Unser angeregt. Am Ende des Psalms heißt es:

Preist den Herrn, all seine Werke,
an allen Orten seiner Herrschaft!
Preise den Herrn, meine Seele.

Dem Lob der Schöpfung an jedem Ort, schließt sich auch das eigene Lob des Beters an. Gott zu loben heißt anzuerkennen, dass wir Mitgeschöpfe Gottes sind. Alle anderen Geschöpfe haben ebenfalls ihren Wert vor Gott. Der Mensch hat dabei keine von ihnen abgehobene

1 Vgl. Richard Bauckham, Creation's Prais of God in the Book of Revelation, in: Biblical Theology Bulletin 38 (2008) 2, 55–63, hier 55. Richard Bauckhams Artikel und seine übrigen Arbeiten zur Johannesoffenbarung sind Grundlage für den vorliegenden Beitrag. In dem Heft Biblical Theology Bulletin 38 (2008) 2 findet sich weitere Literatur zur Umweltthematik in der Johannesoffenbarung. In diesem Beitrag wurde der ursprüngliche Vortragsstil weitgehend beibehalten, die Literaturhinweise in den Fußnoten sind folglich sehr reduziert.

Bedeutung. Auch die Geschöpfe preisen Gott und zwar schlicht durch ihr Sein, ihre eigene Art zu leben. Dieses Gotteslob führt der folgende Psalm 104 aus. Er ist ein Loblied auf den Schöpfer, das die gesamte Schöpfung beschreibt, angefangen bei Gottes Wohnung, dann dem Firmament und allen Wesen auf der Erde: Vögel, Löwen, Klippdachs, Berge und Flüsse. Sogar das bedrohliche Meerwesen, der Leviatan, ist von Gott geschaffen, damit er mit ihm spielen kann. Erst nach 22 Versen wird der Mensch mit seinem Tagewerk genannt, und nur in dem einen Vers 23, abgesehen von einem Seitenblick in den Versen 14-15.

Auf Gott warten alle Geschöpfe und empfangen von ihm ihr Sein, mit dem sie Gott loben. Diesem Lob reiht sich am Ende des Psalms auch der Beter mit seinem Dichten und seiner Stimme ein. „So wichtig sind wir nicht", hat Ilse Müllner deshalb die biblische Sicht auf die Stellung der Menschen in der Schöpfung treffend zusammengefasst.[2] Beim Lob der Schöpfung denkt die Bibel nicht anthropozentrisch, sondern theozentrisch.

Jesus ist offenbar ebenfalls von dieser biblischen Sicht der Schöpfung geprägt gewesen. In seinen Worten und Gleichnissen blickt er mit bibilischer Aufmerksamkeit und Liebe auf die nicht-menschliche Schöpfung: auf Lilien, auf Spatzen, auf das Wachsen des Getreides, Weizen- und Senfkorn oder auch auf den Wein.

Auch in der Johannesoffenbarung wird Gott von der gesamten Schöpfung gelobt. Bereits am Ende von Kapitel 5 sprechen alle Geschöpfe im Himmel, auf der Erde, unter der Erde und auf dem Meer, und alles in ihnen das Lob des Schöpfers aus (5,13). In der Schlussvision vom himmlischen Jerusalem ist die ganze Stadt vom Lob Gottes erfüllt. Die Schöpfung ist zu einer eschatologischen Stadt geworden, die Gott preist:

> Einen Tempel sah ich nicht in der Stadt. Denn der Herr, ihr Gott, der Herrscher über die ganze Schöpfung, ist ihr Tempel, er und das Lamm. Die Stadt braucht weder Sonne noch Mond, die ihr leuchten. Denn die Herrlichkeit Gottes erleuchtet sie und ihre Leuchte ist das Lamm. (Offb 21,22f)

2 Ilse Müllner, So wichtig sind wir nicht. Mitgeschöpflichkeit im Alten Testament, in: Herder-Korrespondenz – Spezial: Verlorenes Paradies, 2020, 9–11.

Im Hildesheimer Dom stellt der Heziloleuchter das himmlische Jerusalem dar. Es ist eine romanische Leuchterkrone mit zwölf Toren für die eschatologischen Stämme Israels. Weitere zwölf Tore sind größer. Durch sie strömen die Menschen, die weltweit durch die ausgesandten Apostel gerufen werden, in die eschatologische Stadt, um sich an Gottes Lob zu freuen. Der Leuchter hängt im zentralen Schiff der Kirche und bringt zum Ausdruck, wie das eschatologische Jerusalem im Gottesdienst auf die Gemeinde mit ihrem Gotteslob herabkommt und mit ihr eine Wirklichkeit wird.

In der Johannes-Offenbarung steht das himmlische Jerusalem am eschatologischen Ende des Buches. Bereits vorher aber sind über das gesamte Buch gottesdienstliche Elemente eingestreut. Sie kommen aus der Liturgie des Jerusalemer Tempels und der jüdischen Synagoge und aus den damals noch nicht vom Judentum getrennten Messias-Gemeinden. Die Visionen werden dem Seher Johannes auf der Insel Patmos am Tag des Herrn zuteil, am ἡμέρα κυριακή (hëmera kyriakä) (1,10). Als die Johannesoffenbarung niedergeschrieben wurde, haben sich an diesem Tag Messiasgemeinden versammelt, um sich mit dem Gotteslob der Schöpfung zu verbinden. Heute ist dieser Tag in christlichen Gemeinden der Sonntag, und deshalb habe ich diesen Beitrag „Sundays for future“ genannt. Im biblischen Schöpfungsbericht ist der Sabbat der Tag, an dem Gott seine gesamte Schöpfung betrachtet. An diesem Tag schenkt Gott sich selbst und seiner Schöpfung Ruhe. Christliche Gemeinden haben bereits im Neuen Testament begonnen, den Herrentag als ersten Tag der Woche nach dem Sabbat als Herrentag zu feiern. Der Sonntag ist bis heute der Tag, an dem christliche Gemeinden weltweit gemeinsam in das Lob der Schöpfung einstimmen. Er erinnert Christinnen und Christen an ihre Verantwortung für die Schöpfung vor Gott ihrem Schöpfer.

There is no planet B

Das eschatologische Jerusalem wird bereits in einem der sogenannten Überwinder- oder Erobererssprüche am Ende der sieben Sendschreiben erwähnt. Da heißt es:

Wer siegt, den werde ich zu einer Säule im Tempel meines Gottes machen und er wird nicht mehr hinausgehen. Und ich werde auf ihn den Namen meines Gottes schreiben und den Namen der Stadt meines Gottes, des neuen Jerusalem, das aus dem Himmel herabkommt von meinem Gott, und auch meinen neuen Namen. (Offb 3,12)

Die sieben Sendschreiben im Einleitungsteil der Offenbarung richten sich an sieben Gemeinden in Kleinasien gegenüber der Insel Patmos. Sie sind wohl nach dem Verlauf der Poststrecke geordnet, auf der die Johannesoffenbarung als ein Rundbrief versendet worden ist. In den unterschiedlichen Gemeinde-Situationen, rufen die sieben Überwindersprüche auf, die Bedrängnis zu überwinden und als Sieger daraus hervorzugehen. Sie beginnen alle mit „Wer siegt …“ und darauf folgt, was Christus dem Sieger verspricht. Die Bedeutung des Sieges wird aber noch nicht genauer erläutert. Erst in der Schlussvision des neuen Jerusalem in der Offenbarung erscheint dieselbe Formel noch ein einziges weiteres Mal (21,7): „Wer siegt, der wird dieses alles erben“, d.h. das vom Himmel herabkommende Jerusalem. In gewisser Weise handelt also das gesamte Buch davon, wie die Christinnen und Christen das eschatologische Ziel erreichen, das am Ende des Buches beschrieben ist.

„There is no planet B“ ist einer der zentralen Slogans der Fridays for Future. Kein politisch verantwortungsbewusster Weg kann daran vorbeiführen, diese Erde und ihre Lebensbedingungen zu bewahren. Sie sogar da wiederherzustellen, wo sie bereits zerstört ist. Es gibt keine Ausweich-Erde, die der heranwachsenden und zukünftigen Generationen Leben ermöglicht. Wenn Menschen diese Erde zerstört haben, ist auch die Grundlage für ein menschenwürdiges Leben vernichtet. Dafür sind vor der Corona-Pandemie weltweit Millionen Schülerinnen und Schüler an Freitagen auf die Straße gegangen.

Die Proteste sind infolge der Pandemie-Schutzmaßnahmen international abgeebbt. Das Virus und seine globale Verbreitung haben das Bewusstsein um die ökologischen Verflechtungen des weltweiten menschlichen Lebens mit seiner Umwelt allerdings noch einmal deutlicher gemacht. Verbreitet wird es als eine Zoonose eingestuft. Das sind Infektionen, die zwischen Tier und Mensch übertragen werden können. Genauer gesagt ist das Covid-19-Virus eine Zoo-Anthroponose, ein

Virus, das vermutlich aus der Tierwelt in das menschliche Zusammenleben hereingetragen wurde. Viruserkrankungen legen Wechselbeziehungen zwischen menschlichen und nicht-menschlichen Lebenszyklen offen. Mögliche Beschädigungen der Lebensbedingungen durch die Ausbeutung der Umwelt können also zunächst im nicht-menschlichen Leben an Stellen auftreten, an denen weniger Abwehr- und Schutzkräfte entwickelt sind. Sie können dann aber auf die menschliche Lebenswelt rückwirken. Auch für das nicht-menschliche Leben, das sich in verschiedensten Wechselbeziehungen zum menschlichen Leben entwickelt hat, gibt es keinen zweiten Planeten Erde. Wenn sein Lebensraum zerstört wird, wird es krank oder geht zugrunde.

Auf den ersten Blick scheint es, dass die Schlussvision in der Johannesoffenbarung dem Slogan „There's no planet B" widerspricht. Der Seher eröffnet den Abschnitt mit einer Einleitungsformel, die er in der Schrift oft für seine Visionen verwendet:

> Und ich sah einen neuen Himmel und eine neue Erde; denn der erste Himmel und die erste Erde sind vergangen, und das Meer ist nicht mehr. (Offb 21,1)

Der Seher sieht einen neuen Lebensraum, der über diese Erde hinausgeht. Die alte Erde hingegen ist vergangen. Die gesamte Schöpfung ist neu. Himmel und Erde sind wie im allerersten Vers der Bibel – „Am Anfang hat Gott Himmel und Erde erschaffen" (Gen 1,1) – polare Ausdrücke. Sie beschreiben die äußeren Enden eines Spektrums, um damit alles Geschaffene zu bezeichnen, das zwischen diesen beiden Polen existiert.

Der neue Himmel und die neue Erde werden oft so verstanden, dass sie die erste Schöpfung ablösen. Sie wären eine absolute Neuschöpfung. Neu meine im Zusammenhang eschatologischer Aussagen, dass es an die Stelle des untergegangenen Alten treten wird.

Heinz Giesen etwa hat für diese Deutung auf den Zweiten Petrusbrief verwiesen.[3] Himmel und Erde würden demnach wie in einem

3 Heinz Giesen, Die Offenbarung des Johannes, Regensburger Neues Testament, Regensburg 1997, 452.

Weltenbrand vergehen. Verschiedene mythologische Modelle kennen den Weltenbrand als das Ende alles Existierenden, der Götter und der Menschenwelt. Richard Wagner hat das Motiv des Weltenbrands aus der nordisch-germanischen Mythologie in der Götterdämmerung am Ende des Rings verarbeitet. In der altisländischen Edda ist er beschrieben: „Alle Wesen müssen die Weltstatt räumen. Schwarz wird die Sonne, die Erde sinkt ins Meer. Vom Himmel schwinden die heiteren Sterne. Glutwirbel umwühlen den allnährenden Weltbaum. Die heiße Lohe beleckt den Himmel."

Der religionsgeschichtlichen Umwelt des Neuen Testaments näher ist die griechische Vorstellung von der Ekpyrosis – der Verbrennung – und dem Kataklysmos – der Überflutung der gesamten Welt. Das physikalische Modell der stoischen Popularphilosopie ging von einer regelmäßigen Erneuerung des gesamten Universums durch diese beiden Vorgänge aus. Nur die Weltseele blieb in der allgemeinen Vernichtung erhalten. Alles andere Sein ging regelmäßig zugrunde, um dem Neuen Platz zu machen. Der Zweite Petrusbrief hat diese physikalische Theorie mit biblischen Schöpfungsvorstellungen verbunden (2Petr 3,4–13). Demnach müssen die himmlischen Sphären vollkommen verbrennen und die Elemente der Welt sich auflösen. Nur so können sie einer neuen Schöpfung Raum geben, in der Gottes Gerechtigkeit wohnen kann.

Für die Schlussvision der Johannesoffenbarung scheint mir das Modell einer kompletten Vernichtung der Schöpfung nicht nahezuliegen. Die Vision beschreibt schon im Eröffnungssatz zwei unterschiedliche Geschicke: (1) Der erste Himmel und die erste Erde vergehen, (2) das Meer dagegen wird nicht mehr sein. Während das Meer in der neuen Schöpfung tatsächlich nicht mehr existieren wird, heißt es über Himmel und Erde lediglich, dass sie vergehen, im Griechischen: ἀπῆλθεν (apälthen). Das Verb findet sich in der Johannesoffenbarung an anderen Stellen, wenn eine apokalyptische Handlung die folgende ablöst, etwa wenn ein Weheruf dem nächsten folgt (9,12; 11,14), oder nach einer Schale die nächste ausgegossen wird (16,2). Die folgende Handlung macht die vorangehende nicht ungeschehen, aber sie löst sie ab.

Die Johannesoffenbarung ist eine apokalyptische Schrift, die am Schreibtisch als schriftgelehrte Exegese entstanden ist. Vielleicht liegt ihr eine ursprünglich visionäre Erfahrung zugrunde. Diese Erfahrung ist in der Schrift aber mit einer vielfältigen ständigen Bezugnahme auf das Erste Testament und auf jüdisch-hellenistische Diskurse reflektiert und verarbeitet worden. So nimmt die Visionsschilderung auch an dieser Stelle Bezug auf das Jesaja-Buch, auf 65,17: „Ja, siehe ich erschaffe einen neuen Himmel und eine neue Erde; man wird nicht mehr an das Frühere denken, es kommt niemand mehr in den Sinn."

Das hellenistische Judentum hat diese Verheißung des Jesajabuches vielfach weiterverarbeitet. Auch in der erwähnten Stelle im Zweiten Petrusbrief klingt sie an (3,13). Gewöhnlich wurde darunter die Erneuerung und Umwandlung der gegenwärtigen Welt in eine neue Welt verstanden. Dies zeigt etwa eine Stelle aus dem äthiopischen Henochbuch:

> An jenem Tage werde ich meinen Erwählten unter ihnen wohnen lassen, und ich will den Himmel verwandeln und ihn zum Segen und Licht für ewig machen. Und ich werde das Festland umwandeln und es zum Segen machen und werde meine Auserwählten auf ihm wohnen lassen; aber die Sünde und Unrecht tun, werden es nicht betreten. (äthHen 45,4f)

Auch der Seher Johannes schaut in seiner Schlussvision meines Erachtens nicht, wie Himmel und Erde gewissermaßen von ground zero über der vernichteten Schöpfung neu errichtet werden. Die neue Schöpfung ist keine creatio ex nihilo. Die neue Erde ist kein Planet B, sondern eine von Gott her verwandelte Schöpfung.

Himmel und Erde werden neu, das Meer wird nicht mehr sein

Für neu verwendet die Offenbarung das griechische Wort kainos, und das meint neu in einer qualitativen, nicht in einer chronologischen Hinsicht. Zeitlich Neues ist charakteristisch für ein anderes griechisches Wort für neu, nämlich neos. So spricht Jesus etwa von oinos neos, wenn er frischen Wein meint, der noch weiter gären wird (Mk

2,22). Beide Worte können allerdings gelegentlich auch synonym gebraucht werden. Dass die erste Erde und die zweite Erde vergangen sind, hat hier in der Offenbarung nach meinem Eindruck keine primär chronologische Bedeutung. Vielmehr sind Himmel und Erde qualitativ neu geworden. Hier, wie an anderen Stellen in der Offenbarung und in der biblischen Literatur, bezeichnen die Oppositionen alt und neu, und erste und zweite einen besonderen qualitativen Unterschied. Die alte und erste Wirklichkeit ist vergänglich und zeitlich. Die neue und zweite Wirklichkeit hingegen setzt die alte und erste Wirklichkeit dauerhaft und machtvoll in Kraft und in ihr bleibendes Recht. In diesem Sinne werden Himmel und Erde verwandelt.

Das Meer hingegen wird vernichtet. Auch hier bewegt sich die Johannesoffenbarung parallel zu der Vorstellung im äthiopischen Henochbuch, einer vorchristlichen apokalyptischen Schrift, die aber nicht in den biblischen Kanon eingegangen ist. Bei Henoch stellt Gott das Festland als eine sichere Heimat für seine Auserwählten her. Diejenigen, die in ungerechte Strukturen verstrickt sind und Sünde und Unrecht tun, werden es nicht mehr betreten. Mit dem Meer ist in der Johannesoffenbarung hier das ursprüngliche Chaosmeer gemeint, das für die Schöpfung eine ständige Bedrohung darstellt. Von dieser Urflut geht Gefahr für die bewohnte und kultivierte Welt aus. Das Meer erhält deshalb in der Johannesoffenbarung auch die Bedeutung des kosmischen Bösen bzw. des Unheils. Im 4. Kapitel trennt etwas wie ein gläsernes Meer, ähnlich wie ein Kristall den himmlischen Thron Gottes von den 24 Ältesten (4,6). In dem Meer reflektieren sich die farbige Gestalt der Kristalle und die Blitze, die Gottes Thron umgeben. Auf diese Weise suggeriert das Meer die Nähe Gottes, behindert aber gleichzeitig den Zugang und den direkten Blick zu Gott, der nur den vier Lebewesen offensteht, auf die ich später noch zurückkomme. Für unseren Zusammenhang ist wichtig, dass das Meer in der Offenbarung auch der Ort des Welthandels ist. Kapitäne, Schiffsreisende und Matrosen, die auf dem Meer arbeiten, beklagen den Untergang der Stadt Babylon. Babylon ist die Chiffre für die Kaiserstadt Rom, die den Seehandel beherrscht. Ihre Wirtschaftsmacht beutet die Natur aus und führt Menschen in Sklaverei. Mit idolatrischer Augenwischerei lassen Luxus und Pracht die Machthabenden Gott und seine Gerechtigkeit vergessen. Das Meer wird so zu einem Konzentrationspunkt der gottfeindlichen Kräfte, deshalb heißt es allein über das Meer, dass es nicht mehr existiert. Das kosmische Böse, für das das Meer steht, stellt für den neuen Himmel und die neue Erde keine Bedrohung mehr dar.

Die Kondeszenz Jerusalems

Mit dem neuen Himmel und der neuen Erde erscheint das neue Jerusalem. Über dieses Jerusalem heißt es mehrfach in der Johannesoffenbarung: Es kommt aus dem Himmel von Gott herab, so auch in dem Vers, der auf die Einleitung der Schlussvision folgt:

> Ich sah die heilige Stadt, das neue Jerusalem, von Gott her aus dem Himmel herabkommen (katabainousan); sie war bereit wie eine Braut, die sich für ihren Mann geschmückt hat. (Offb 21,2)

Das himmlische Jerusalem ist eine Stadt von universalen Ausmaßen. Ihr quadratischer Grundriss erinnert an die großen Kulturstädte der biblischen Umwelt Babylon und Ninive. In der Offenbarung bezieht sich die quadratische Form nicht nur auf den Grundriss, sondern ihre Gesamtform ist die eines quadratischen Kubus. Das erinnert auch an das innerste Kultzentrum im biblischen Tempel Salomos (1 Kön 6,20). Das Allerheiligste im ersten Tempel war ebenfalls kubusförmig. In der Offenbarung ist die Kubusform der Stadt aber auch ein Hinweis auf die Zahl 4, die in der Johannesoffenbarung gewöhnlich als Zahl für die Schöpfung steht.

Die Stadt ist gleich hoch, breit und lang: 12.000 Stadien. Das ist eine symbolische Zahl. Die Zwölfzahl der Stämme Israels ist mit 1000 multipliziert. Aber es ist auch ein ungeheuer großes Maß: 12.000 Stadien entsprechen 2400 Kilometern. Tokio ist heute mit 8230 Quadratkilometern die flächengrößte Stadt. Das würde bei einer quadratischen Fläche etwa 91 Kilometern an Länge und Breite entsprechen, also beträchtlich weniger als die Maße der Stadt Jerusalem, die sich vom Himmel auf die Erde niederlässt. Die neue Schöpfung ist eine einzige Mega-Stadt.

In der Stadt ist ein Garten, der an den Paradies-Garten erinnert. In seiner Mitte wächst ein Baum oder verschiedene Bäume, die zwölf Monate im Jahr Frucht tragen, die Nahrung zum Leben sind. Die durch die Tore der Stadt eintreten, finden Nahrung an den Früchten.

Auch nach der Johannesoffenbarung gibt es also keinen Planeten B. Die erste Erde und der erste Himmel sind vergangen, aber im endzeitlichen Herabkommen Jerusalems wird die erste Schöpfung in eine neue Kultur- und Natur-Landschaft verwandelt. Elemente von Stadt und Garten prägen das Bild des neuen Jerusalem. Stadt und Garten sind beides Zivilisationsformen, in denen menschliches Leben und Natur zu einer Kulturwirklichkeit zusammengewachsen sind. Kultur und Natur sind in der Stadtlandschaft des endzeitlichen Jerusalem also nicht mehr Orte von Ausbeutung und Unterdrückung. Sie lassen die Sieger frei an Gottes Leben teilnehmen. Allerdings ist die Bewahrung und Verwandlung des Planeten Erde in die neue Schöpfung nicht allein menschliches Werk. Das Herabkommen des himmlischen Jerusalems ist Gottes Kondeszenz. Wie seine Schechina, wie seine Wohnung unter den Menschen, lässt er auch die eschatologische Stadt auf die Menschen herabkommen, die sich in den Bedrängnissen im Lauf des gesamten Buches bewährt haben.

Die vier Lebewesen

Das Gotteslob, das im herabgekommenen Jerusalem die ganze Stadt und damit alle menschliche Zivilisation erfüllt, ist bereits in der Eingangsvision in den Kapiteln 4 und 5 der Johannesoffenbarung beschrieben. Nach dem Empfang der Sendschreiben öffnet sich Johannes eine Tür am Himmel und er tritt vom Geist ergriffen ein in den Bereich des himmlischen Throns Gottes. Mit seiner starken Symbolik hat Johannes' Eintritt in Gottes himmlischen Thronraum die romanische Kunst bei der Gestaltung der Eingangsportale der Kirchen angeregt.

Das Portal der Kathedrale in Chartres zeigt mit der Vision des Johannes, was die Eintretenden in den Kirchenraum erwartet. Um den himmlischen Thron sind vier apokalyptische Lebewesen, ein Löwe, ein Ochse oder Stier, einer mit einem Gesicht wie ein Mensch und ein fliegender Adler. Seit Irenäus wurden die vier Lebewesen als die vier Evangelien gedeutet. Sie sollen alle vier Teile der Welt erreichen, aus denen die vier Winde kommen. Diese Deutung ist in der westlichen Kirche traditionell geworden, und sie hat daher die Gestaltung der romanischen Portale zusätzlich beeinflusst. Im Kirchenraum hört die Gemeinde das Wort Gottes von seinem himmlischen Thron, das im vierfachen Evangelium verkündet wird. Mit der Johannesoffenbarung stimmt die Deutung der Zahl 4 auf die geschaffene Wirklichkeit überein. Darüber hinaus lässt sich Irenäus' Deutung der Tiere auf die vier Evangelien allerdings nicht in der Offenbarung bestätigen.

Die vier Tiere stammen aus der Eröffnungsvision im Propheten Ezechiel und ihr Lobgesang ist das Dreimal Heilig, die jüdische Qeduscha aus dem Buch Jesaja.[4] Die vier Tiere sind himmlische Hybridwesen und haben keine Ähnlichkeit mit irgendeiner irdischen Kreatur. Sie haben jeweils sechs Flügel wie die Cherubim und sind über und über mit Augen bedeckt. Ihre Augen symbolisieren wohl, dass sie niemals schlafen, sondern ständig wach sind, um Gott immer wieder neu die Qeduscha zuzusprechen.

Auf der anderen Seite hat jedes der vier Wesen eine offenbare Ähnlichkeit mit einem irdischen Geschöpf (4,7): „Das erste Lebewesen glich einem Löwen, das zweite einem Stier, das dritte sah aus wie ein Mensch, das vierte glich einem fliegenden Adler." Die Ähnlichkeit mit den vier Geschöpfen bezieht sich auf ihren gesamten Körper, auch wenn dieser noch mit Flügeln verbunden ist.

Die Offenbarung positioniert sich hier als schriftgelehrte Apokalyptik in einer exegetischen Diskussion im hellenistischen Judentum über die Bedeutung der vier Lebewesen in Ezechiels Vision. Eine Möglichkeit ist, dass die vier Lebewesen die Eigenschaften dessen charakterisieren, der auf dem Thron sitzt. Während sie den Thron tragen, zeigen die vier Cherubim dass Gott die Stärke eines Löwen, die Beweglichkeit eines Adlers, die zeugende Kraft eines Stiers und die Weisheit und Vernunft eines Menschen in Fülle besitzt.

In der Johannesoffenbarung scheinen sie allerdings einen anderen Akzent zu tragen. Sie sind umgekehrt Repräsentanten der Schöpfung

4 Zum Folgenden: Bauckham, Creation's Praise.

um Gottes Thron. Das gesamte Umfeld des Himmelsthrons in den Kapiteln 4 und 5 beschreibt, wie Gott als Schöpfer von seinen Geschöpfen im Himmel verehrt wird. Auch ihre Vierzahl lässt sie als Repräsentanten der Schöpfung erkennen: Die Schöpfung hat in der Offenbarung vier Ecken (7,1 und 20,8), vier Winde; die Erde hat vier Teile: Erde, Gewässer, Himmel und die Himmelskörper (8,7–12). Über die vier Teile der Erde werden im Lauf der Offenbarung Gerichtsurteile ergehen: Siegelöffnungen, Posaunenstöße (8,7–12) und die Gerichtsschalen (16,2–9). Sie sollen die Bewohner der Erde dazu bringen, anzuerkennen, dass Gott der Schöpfer der viergeteilten Welt ist (14,7). Die vier Lebewesen stehen daher in der Offenbarung wohl für jeweils eine Kategorie der belebten Schöpfung: Der Löwe repräsentiert die ungezähmten, wilden Landtiere am himmlischen Thron, der Stier oder der Ochse die gezähmten Haustiere, der Adler die Vögel und das Wesen mit dem menschlichen Gesicht die Menschenwesen. Johannes sieht in der Eingangsvision die vier Lebewesen als die wichtigsten gottverehrenden Wesen in der Schöpfung. Sie sind priesterliche Repräsentanten der gesamten Schöpfung, die Gott unablässlich ihren Lobpreis darbringen. Am Ende des Kapitels 5 nach dem Sieg des Lammes ist dann die ganze Schöpfung mit ihren vier Teilen im Himmel, auf der Erde, unter der Erde und auf dem Meer von dem Lobpreis erfüllt (5,13).

Die Qeduscha

Der Lobgesang, das Dreimal Heilig, das die vier Lebewesen darbringen, ist das Trishagion, das die jüdische Liturgie schon in neutestamentlicher Zeit als Qeduscha kannte und das dem Sanctus in unserer Messe entspricht.[5] Der Gesang der Seraphim bei Jesaja ist in jüdischen und frühchristlichen Zeugnissen oft modifiziert oder erweitert worden, vor allem in der zweiten Zeile.

5 Zum Folgenden: Bauckham, Creation's Praise of God in the Book of Revelation, 61f.

Heilig, heilig, heilig ist der HERR der Heerscharen.
Erfüllt ist die ganze Erde von seiner Herrlichkeit. (Jes 6,3)

So lautet der Gesang der Seraphim, wie ihn Jesaja wiedergibt. In der Johannesoffenbarung wird der Anfang der Lobgesang anders weitergeführt:

Heilig, heilig, heilig ist der Herr, der Gott,
der Herrscher über die ganze Schöpfung,
er war und er ist und er kommt. (Offb 4,8)

Die Modifikationen und Erweiterungen passten die Qeduscha auf den jeweiligen literarischen oder liturgischen Kontext an. In dieser Tradition ist auch das Sanctus in der christlichen Gottesdiensttradition erweitert worden. Mit „Gelobt sei, der da kommt im Namen des Herrn, Hosanna in der Höhe“ bereitet sich die Gemeinde auf ein zweifaches Kommen vor, dass Christus in der Eucharistie zu ihr kommt, aber auch auf sein endgültiges Kommen in die Welt.

In der Johannesoffenbarung ist im Lobpreis der vier Lebewesen die zweite Zeile ebenfalls geändert. An Stelle von „Erfüllt ist die ganze Erde von seiner Herrlichkeit“ preisen die Lebewesen Gott als Herrn der Schöpfung: „er war und er ist und er kommt.“ Der Grund dafür ist nicht, dass Johannes hier eine negative Sicht auf die materielle, nicht menschliche Schöpfung hätte. Vielmehr sieht Johannes, wie die Schöpfung verbraucht und von Kräften des Bösen zerstört ist.

Menschliche und übermenschliche Mächte haben die Erde und die Wesen, die auf ihr leben, zerstört und korrumpiert. Die beschädigte Schöpfung ist deshalb nicht mehr in der Lage, Gottes Herrlichkeit widerzustrahlen. Sie ist von denen unterworfen, „die die Erde verderben“, wie es in 11,18 heißt. Deshalb enthält die Qeduscha in der Johannesoffenbarung in Kapitel 4 eine Aussage über die Zukunft: Gott wird gepriesen als der, der kommt. Gottes Kommen beschreibt nicht nur sein eigenes zukünftiges Wesen, sondern auch sein Kommen zu seiner Schöpfung. Es bedeutet Gericht wie auch Rettung. Vom Gericht über die, die die Erde verderben, und von der Rettung der Erde aus ihren Händen, handeln das gesamte weitere Buch der Offenbarung und die drei Zyklen von Gerichtsurteilen, die über die Erde ergehen. Erst in der Schlussvision kann dann die erneuerte Schöpfung als himmlische Stadt auf alle Wesen der Erde herabkommen.

Fazit

„Alles, was atmet, lobe den Herrn“ (Ps 150,6), das ist der letzte Vers im Buch der Psalmen. Er fasst alle Psalmen vorher in einem einzigen Vers zusammen: Alles, was von Gott Lebensatem bekommen hat, lobt Gott. In der Johannesoffenbarung ruft diese biblische Grundaussage die Menschen zur Verantwortung für ihre nichtmenschlichen Mitgeschöpfe und zur Partnerschaft mit ihnen. Im himmlischen Gotteslob aller Lebewesen haben die Menschen noch nicht einmal eine Sonderstellung, sondern sie sind nach den wilden und gezähmten Tieren der Erde erst an dritter Stelle genannt, vor den Vögeln des Himmels (Offb 4,7). Die Bewahrung der Schöpfung erhält in der Offenbarung allerdings ein spezifisch theologisches Profil. Sie ist keine Leistung, die die Menschen allein bewältigen könnten, sondern wird theozentrisch von Gott erhofft. Die Menschen tragen durch ihren Respekt und ihr friedliches Zusammenarbeiten mit der nichtmenschlichen Schöpfung dazu bei. Die Erneuerung der Erde ergeht als Gottes Gericht über alle, „die die Erde verderben“ (11,18). Gott handelt an der Schöpfung, damit alle Bewohner der Erde ihn als den Schöpfer anerkennen (14,7). Am Sonntag kommen Christinnen und Christen aller Konfessionen weltweit zusammen, um Gott als Schöpfer anzuerkennen und ihn zu loben. Es ist der Tag, der sie daran erinnert: Zusammen mit den nichtmenschlichen Geschöpfen bilden sie ein großes kosmisches Lobpreisteam.

Über die Autoren

Dr. Ralf Dziewas ist Professor für Diakoniewissenschaft und Sozialtheologie und Prorektor an der Theologischen Hochschule Elstal

Dr. Heinrich Christian Rust ist Pastor i.R. im Bund Evangelisch-Freikirchlicher Gemeinden und leitete zwei der größten Gemeinden in diesem Bund. Als Dozent für Spiritualität, Pneumatologie, Gemeindeaufbau und Leiterschaft ist er am Institut für Weltmission und Gemeindeaufbau (IGW), der Akademie für Christliche Führungskräfte und in der Bibelschule des Glaubenszentrums Bad Gandersheim tätig.

Dr. Julius Steinberg ist Professor für Altes Testament und Prorektor an der Theologischen Hochschule Ewersbach

Dr. Thomas Weißenborn unterrichtet am Marburger Bibelseminar die Fächer Dogmatik, Ethik, Hermeneutik, Homiletik und Neues Testament und ist dort stellvertretender Direktor.

Dr. Ansgar Wucherpfennig SJ ist Professor für Exegese des Neuen Testaments an der Philosophisch-Theologischen Hochschule Sankt Georgen in Frankfurt. Von 2014 bis 2020 war er auch der Rektor der Hochschule.